实用汉语分级阅读丛书

我是世界上最幽默的人

I'm the Most Humorous Person in the World

崔永华　总主编
甘宗铭　编

北京语言大学出版社
BEIJING LANGUAGE AND CULTURE
UNIVERSITY PRESS

书是人们最知心的朋友,
现在如此,将来也永远如此。

A good book is the best of friends,
the same today and for ever.

致读者

"我知道的词汇太少了,我肯定不能读课本以外的汉语文章!"

"汉字太难了,读汉语的文章,根本不可能!"

嘿,朋友!你学习汉语多长时间了?你是不是也有过上面的那些想法?是不是偶尔也会失去信心?

是啊,汉字太难、生词太多,想要了解中国,想要看看用中文写的有趣故事,可是,手里除了上课的教材,哪里才能找到一本合适的书呢?

先说说你理想中的阅读书是什么样子的吧。

"不要那些不自然的句子,不要总是讲学校里的吃饭、上课,不要太多的练习,我只想放松一下,在等车等地铁的时候也可以看;我不想从头看到尾,我只挑自己感兴趣的看……"

"要简单,要轻松,要让我微笑,要让我了解中国的方方面面、点点滴滴,要适合我每个阶段的汉语水平,要让我在不知不觉中熟悉汉字、增加词汇……"

如果你的要求是这些,那么,看看这套书吧!简短的文章、有趣的话题、活泼的版式、生动的图片,让你看看中国人的生活、情感、烦恼,让你看看其他留学生的有趣经历,让你知道其他外国人眼中的中国——他们是不是写出了你心中想说而说不出来的话?

这套书,有拼音,可以帮助你朗读;有英文、韩文、日文的生词注释,可以帮助你流畅地阅读;有"阅读提示",告诉你这篇文章要写些什么;有"你看懂了吗",自问自答,让你自己考自己;有"我来写两句",你可以把自己生活中的事情也写下来,编一本只属于你一个人的汉语书。

你会喜欢这样的书吗?

To Readers

"I don't know many words, so surely I can't read any other Chinese articles except the ones in the textbook!"

"Chinese characters are too difficult! It's quite out of the question to read a Chinese article!"

Hi, guys! How long have you learned Chinese language? Did you ever think in this way? Did you lose your heart once in a while?

Yes, you may have encountered too difficult Chinese characters and an overwhelming number of new words. If you want to learn China and read interesting stories written in Chinese, where is the right book besides the textbook in hand?

Please tell us first what your ideal book is.

"I don't want to read these unnatural sentences, neither do I want to read things always about having lunch or having a class at school. There are not many exercises in the book. I only want to relax and read this book while waiting for the bus or waiting for the subway. I don't want to read this book from the beginning to the end, either. Instead, I just want to sort out things that I am interested in…"

"It must be simple and easy. It will make me smile and help me understand all the aspects and every detail of China. It will suit my study of Chinese in every phase and make me familiar with Chinese characters and enlarge my vocabulary even before I notice it…"

If these are what you want, then, take a look at this series! The simple articles, interesting topics and lively format will guide you into the life, feelings and worries of Chinese people. You will know the interesting experiences of foreign students studying in China, and also see China through foreigners' eyes — Haven't they written something that is in your mind but hard to express?

Pinyin in this series helps you read aloud. The new words are annotated in English, Korean and Japanese, so that you can read the book fluently; the "Reading Tips" tells you what an article is about. The part "Have you understood it?" gives you a chance to test yourself. You can also write down things that happened in your life in "I have a few words to write" and work out a Chinese book of your own.

Will you like such a book?

책을 펴내며

"나는 아는 단어가 너무 없어서 교과서에 나오는 문장 외에 다른 중국어 문장은 읽지도 못할 거야!"

"한자가 너무 어려워서 중국어로 된 문장을 읽을 수가 없어!"

여러분! 중국어 공부하신 지 얼마나 됐나요? 이런 생각들을 해본 적이 있나요? 가끔 자신감을 잃을 때도 있나요?

그래요, 한자는 너무 어렵고, 모르는 단어도 너무 많죠. 중국을 이해하고 싶고, 중국어로 된 재미있는 이야기도 읽고 싶은데, 교과서 외에 어디에서 그런 책을 구할 수 있을까요?

먼저 여러분이 생각하는 이상적인 독해 교재에 대해 말해 보세요.

"자연스럽지 못한 문장, 학교에서 밥 먹고 수업하는 그런 얘기, 너무 많은 연습문제들은 필요 없다고요? 그저 가볍게 버스나 지하철을 기다리면서도 볼 수 있고, 보고 싶은 부분만 골라서도 볼 수 있는 …"

"간단하고, 가볍고, 읽으면서도 살짝 미소 지을 수 있고, 중국을 이해할 수 있고, 내 수준에 맞고, 자연스럽게 한자를 익히고 어휘를 늘릴 수 있는 …"

만약 여러분이 원하는 것이 이런 것들이라면, 이 책을 보세요! 간결한 문장, 재미있는 주제, 보기 편한 구성, 생동감 있는 그림이 여러분에게 중국인의 생활, 감정과 고민을 비롯하여 유학생들의 재미있었던 경험, 외국인들의 눈에 비친 중국을 보여주고 알게 해 줄 것입니다 —그들이 이미 여러분이 말하고 싶었지만 표현해내지 못했던 마음 속 생각들을 써놓지는 않았나요?

이 책은 발음이 표기되어 있어 낭독에 도움이 되고, 영어, 한국어, 일본어 단어 주석이 있어 쉽게 읽을 수 있습니다. "阅读提示"를 통해 문장이 말하려고 하는 내용이 무엇인지를 알 수 있고, "你看懂了吗"를 통해 스스로를 테스트할 수 있으며, "我来写两句"를 통해 생활에서 겪었던 일을 직접 씀으로써 자신만의 중국어 책을 만들 수 있도록 구성하였습니다.

어때요? 이런 책 마음에 드시나요?

読者の皆さんへ

"私は知ってる語彙が少ないから、教科書以外の本なんて絶対読めないよ！"

"漢字ってとっても難しい、中国語の文章なんて読めっこないよ！"

ちょっとそこのあなた！中国語勉強してどのくらいになりますか？ひょっとして今みたいに考えてるんじゃないですか？時々自信失くしちゃうことないですか？

そう、確かに漢字は難しいし、覚えなきゃいけない単語も多いですよね。中国のことを理解し、中国語の面白い文章を読んでみたい、でも今持っている授業の教材以外に、どうやって自分にぴったりの本を探せばいいのでしょう？

では、まずあなたの中の理想のリーディング教科書とはどんなものか考えて見てください。"

"不自然な文があったり、学校の中の食事や授業についての内容ばかりは困る、練習問題は少なめで、リラックスした状態で、バスを待ってるときや電車の中での時間を利用して読めたら；最初から最後まで読みたくない、興味のある内容だけ選んで読みたい…。"

"簡単で、堅苦しくなく、クスっと笑えて、中国の色んなことについて教えてくれる。少しずつゆっくりと進み、学習者それぞれの中国語レベルに合わせてくれ、知らず知らずのうちに漢字に親しめ、単語を覚えられる…。"

あなたがもしこんな風に考えているなら、この本を手にとってみてください！読みやすい文章、陽気なトピック、アクティブな構成、生き生きとした挿絵。あなたに中国人の生活、感じ方、悩みなどを教えてくれます。そして、他の留学生の経験した面白おかしい体験をお届けします；他の外国人が中国人をどのようにとらえているのか——彼らはひょっとしたら、あなたの中の言いたかったけどうまく言えなかった考えを代弁してくれるかもしれません。

このシリーズは本文にピンインがついており、朗読するときに便利です；新出単語には英語と韓国語と日本語訳がついており、スムーズに読み進むことができます。"阅读提示"では文章の要点をつかむことができます；"你看懂了吗"では自分自身で内容を読みとれたかどうか問いかけてもらう目的があります；"我来写两句"のコーナーでは自分の体験をテーマに沿って書いてみてください、そうすることで自分だけの本をつくれると思います。

こんな一冊、あなたに気に入っていただけるでしょうか？

目录

1. 坐前排还是坐后排　欣颖　　　　　　　　1
   Zuò Qiánpái Háishi Zuò Hòupái　Xīn Yǐng

2. 谢谢？谢谢！　　　　　　　　　　　　　9
   Xièxie? Xièxie!

3. 谁买东西谁付钱　　　　　　　　　　　　19
   Shéi Mǎi Dōngxi Shéi Fù Qián

4. 谁更爱花钱　　　　　　　　　　　　　　27
   Shéi Gèng Ài Huā Qián

5. 孩子，你考了多少分　　　　　　　　　　33
   Háizi, Nǐ Kǎole Duōshao Fēn

6. 我在美国上学的日子　小豪　　　　　　　41
   Wǒ Zài Měiguó Shàngxué de Rìzi　Xiǎoháo

7. 中国来信改变了我的生活　[哥伦比亚] 卡洛斯　　57
   Zhōngguó Láixìn Gǎibiànle Wǒ de Shēnghuó
   　　　　　　　　　　　[Gēlúnbǐyà] Kǎluòsī

8. 枕头不是针头　[美国] 葛沛迪　　　　　　67
   Zhěntou Bú Shì Zhēntóu　[Měiguó] Gě Pèidí

9. 怎么称呼他们　娜斯　　　　　　　　　　75
   Zěnme Chēnghu Tāmen　Nà Sī

10. 谁是"老外"　　　　　　　　　　　　83
    Shéi Shì "Lǎowài"

11. 我是世界上最幽默的人　杨河洋　　　91
    Wǒ Shì Shìjiè Shang　Zuì Yōumò de Rén　Yáng Héyáng

生词韩文、日文注释　　　　　　　　　105
Shēngcí Hánwén、Rìwén Zhùshì

生词索引　　　　　　　　　　　　　　117
Shēngcí Suǒyǐn

专有名词索引　　　　　　　　　　　　123
Zhuānyǒu Míngcí Suǒyǐn

Zuò Qiánpái Háishi Zuò Hòupái
坐前排还是坐后排

Xīn Yǐng
欣 颖

Yuèdú Tíshì:
阅读提示：

> dāng miàn, to sb.'s face, in sb.'s presence

收到朋友的礼物时，你会当着他的面打开吗？要是去听报告会，你会坐在前排还是后排？作者认为，对待这些小事情的不同态度反映了中西方思维方式的差异。你是怎么看的呢？

sīwéi, thought   chāyì, difference

Shōudào péngyou de lǐwù shí, nǐ huì dāngzhe tā de miàn dǎkāi ma? Yàoshi qù tīng bàogàohuì, nǐ huì zuò zài qiánpái háishi hòupái? Zuòzhě rènwéi, duìdài zhèxiē xiǎo shìqing de bù tóng tàidu fǎnyìngle Zhōng-Xīfāng sīwéi fāngshì de chāyì. Nǐ shì zěnme kàn de ne?

思维方式是一个民族或者一个地区，在长期的历史发展过程中所形成的一种思维定势。它是民族文化的一部分，而且是民族文化中最深层次的一部分。人的思维方式表现在各个领域，它也许看不见、摸不着，但是你观察和处理问题的方法都能反映出你的思维方式。

比如说，一个中国人和一个法国人互相交换礼物时，中国人会表示感谢并把礼物放在一边，但不马上打开；法国人会立刻打开礼物并表示感谢。这时中国人可能会认为，法国人马上打开礼物，是对礼物不放心；相反，法国人可能会认为，中国人没有当面打开礼物看，可能是对礼物不感兴趣。

中国学生去听报告会时，早到的人会坐在后排，晚到的人只能坐

定势 dìngshì
regular psychological tendency

层次 céngcì
level

领域 lǐngyù
field, sphere

法国 Fǎguó
France

Sīwéi fāngshì shì yí ge mínzú huòzhě yí ge dìqū, zài chángqī de lìshǐ fāzhǎn guòchéng zhōng suǒ xíngchéng de yì zhǒng sīwéi dìngshì. Tā shì mínzú wénhuà de yí bùfen, érqiě shì mínzú wénhuà zhōng zuì shēn céngcì de yí bùfen. Rén de sīwéi fāngshì biǎoxiàn zài gègè lǐngyù, tā yěxǔ kàn bu jiàn、mō bu zháo, dànshì nǐ guānchá hé chǔlǐ wèntí de fāngfǎ dōu néng fǎnyìng chū nǐ de sīwéi fāngshì.

　　Bǐrú shuō, yí ge Zhōngguórén hé yí ge Fǎguórén hùxiāng jiāohuàn lǐwù shí, Zhōngguórén huì biǎoshì gǎnxiè bìng bǎ lǐwù fàng zài yìbiān, dàn bù mǎshàng dǎkāi; Fǎguórén huì lìkè dǎkāi lǐwù bìng biǎoshì gǎnxiè. Zhèshí Zhōngguórén kěnéng huì rènwéi, Fǎguórén mǎshàng dǎkāi lǐwù, shì duì lǐwù bú fàngxīn; xiāngfǎn, Fǎguórén kěnéng huì rènwéi, Zhōngguórén méiyou dāngmiàn dǎkāi lǐwù kàn, kěnéng shì duì lǐwù bù gǎn xìngqù.

坐前排还是坐后排

　　Zhōngguó xuésheng qù tīng bàogàohuì shí, zǎo dào de rén huì zuò zài hòupái, wǎn dào de rén

在前排。而在德国，开会晚到的人往往只能坐在后排，因为前面的位置已被早到的人坐满了。这恰恰是中西方思维方式不同的反映。

　　那么，中西方思维方式的差异到底在哪儿呢？首先，是情义和利益的关系问题。西方人重利轻义，中国人重义轻利，讲情义是中国的传统。其次，是整体性和个体性的问题。中国人强调整体性，而西方人则重视个体性。比如，在餐桌上，当主人问客人吃什么的时候，中国人的回答往往是"随便"或者是"跟前几位一样"，而西方人则会明确表明自己的愿望。三是中西方的感情表达方式不同。中国人表示爱情时，往往多用暗示；而西方人认为，直接说"我爱你"更能表现真情。

德国 Déguó
Germany

恰恰 qiàqià
exactly, precisely

情义 qíngyì
friendship

利益 lìyì
interest, benefit

整体 zhěngtǐ
entirety

餐桌 cānzhuō
dining table

暗示 ànshì
to drop a hint

真情 zhēnqíng
true feeling

zhǐ néng zuò zài qiánpái. Ér zài Déguó, kāihuì wǎn dào de rén wǎngwǎng zhǐ néng zuò zài hòupái, yīnwèi qiánmian de wèizhì yǐ bèi zǎo dào de rén zuòmǎn le. Zhè qiàqià shì Zhōng-Xīfāng sīwéi fāngshì bù tóng de fǎnyìng.

Nàme, Zhōng-Xīfāng sīwéi fāngshì de chāyì dàodǐ zài nǎr ne? Shǒuxiān, shì qíngyì hé lìyì de guānxi wèntí. Xīfāngrén zhòng lì qīng yì, Zhōngguórén zhòng yì qīng lì, jiǎng qíngyì shì Zhōngguó de chuántǒng. Qícì, shì zhěngtǐxìng hé gètǐxìng de wèntí. Zhōngguórén qiángdiào zhěngtǐxìng, ér Xīfāngrén zé zhòngshì gètǐxìng. Bǐrú, zài cānzhuō shang, dāng zhǔrén wèn kèrén chī shénme de shíhou, Zhōngguórén de huídá wǎngwǎng shì "suíbiàn" huòzhě shì "gēn qián jǐ wèi yíyàng", ér Xīfāngrén zé huì míngquè biǎomíng zìjǐ de yuànwàng. Sān shì Zhōng-Xīfāng de gǎnqíng biǎodá fāngshì bù tóng. Zhōngguórén biǎoshì àiqíng shí, wǎngwǎng duō yòng ànshì; ér Xīfāngrén rènwéi, zhíjiē shuō "wǒ ài nǐ" gèng néng biǎoxiàn zhēnqíng.

坐前排还是坐后排

40 　中西方文化的差异导致了中西方人不同的思维方式。不能说谁优谁劣，而是应该相互了解，相互学习。千万不要以自我为中心，要让自己的思维方式适应时代的发展，适合交流的需要。

导致 dǎozhì
to lead to, to cause

优 yōu
excellent, superior

劣 liè
bad, inferior

而是 ér shì
but

我是世界上最幽默的人

我来写两句

Zhōng-Xīfāng wénhuà de chāyì dǎozhìle Zhōng-Xīfāngrén bù tóng de sīwéi fāngshì. Bù néng shuō shéi yōu shéi liè, ér shì yīnggāi xiānghù liǎojiě, xiānghù xuéxí. Qiānwàn búyào yǐ zìwǒ wéi zhōngxīn, yào ràng zìjǐ de sīwéi fāngshì shìyìng shídài de fāzhǎn, shìhé jiāoliú de xūyào.

坐前排还是坐后排

Wǒ Lái Xiě Liǎng Jù

你看懂了吗？Nǐ kàndǒngle ma?

(1) 中国人和法国人在收到别人礼物时的做法有什么不同？
Zhōngguórén hé Fǎguórén zài shōudào biéren lǐwù shí de zuòfǎ yǒu shénme bù tóng?

(2) 中国人和德国人在开会时，早到的人会坐在什么地方？
Zhōngguórén hé Déguórén zài kāihuì shí, zǎo dào de rén huì zuò zài shénme dìfang?

(3) 哪件事情能表现出中国人的"整体性"？
Nǎ jiàn shìqing néng biǎoxiàn chū Zhōngguórén de "zhěngtǐxìng"?

我是世界上最幽默的人

我来写两句

_____
_____
_____
_____
_____

time: 10 mins
words: 985

2

Xièxie? Xièxie!
谢谢？谢谢！

Yuèdú Tíshì:
阅读提示：

你一般在什么时候、对什么人说"谢谢"呢？你在中国人家里吃饭时，主人给你夹菜吗？你喜欢这样的热情吗？

↳ jiā cài, to pick up food with chopsticks

Nǐ yìbān zài shénme shíhou、duì shénme rén shuō "xièxie" ne? Nǐ zài Zhōngguórén jiāli chī fàn shí, zhǔrén gěi nǐ jiā cài ma? Nǐ xǐhuan zhèyàng de rèqíng ma?

中国人和西方人一接触，马上就能表现出中西方交际文化的一些差异。我们可以从以下这些方面来看：

1. 打招呼

中国人打招呼，一般都以关心对方的处境为出发点，如："您去哪里？""您是上班还是下班？"而西方人往往认为这些都是个人的私事，不能随便问，所以他们见面打招呼总是说："嘿！""你好！""早上好！"

2. 握手

中国人通常见面时有相互握手的习惯；而西方人只有在正式场合才握手，多数情况下只是笑一笑，说声"嘿"。如果对方是女士，那么比较恰当的方式是由女士先伸手，男士不应主动伸手。按照西方

差异 chāyì
difference

打招呼 dǎ zhāohu
to greet sb., to say hello

处境 chǔjìng
situation, circumstance

出发点 chūfādiǎn
motive, purpose

私事 sīshì
private affair

通常 tōngcháng
usually

场合 chǎnghé
occasion

恰当 qiàdàng
appropriate

Zhōngguórén hé Xīfāngrén yì jiēchù, mǎshàng jiù néng biǎoxiàn chū Zhōng-Xīfāng jiāojì wénhuà de yìxiē chāyì. Wǒmen Kěyǐ cóng yǐxià zhèxiē fāngmiàn lái kàn:

　　1. Dǎ zhāohu

　　Zhōngguórén dǎ zhāohu, yìbān dōu yǐ guānxīn duìfāng de chǔjìng wéi chūfādiǎn, rú: "Nín qù nǎli?" "Nín shì shàngbān háishi xiàbān?" Ér Xīfāngrén wǎngwǎng rènwéi zhèxiē dōu shì gèrén de sīshì, bù néng suíbiàn wèn, suǒyǐ tāmen jiànmiàn dǎ zhāohu zǒngshì shuō: "Hēi!" "Nǐ hǎo!" "Zǎoshang hǎo!"

　　2. Wòshǒu

　　Zhōngguórén tōngcháng jiànmiàn shí yǒu xiānghù wòshǒu de xíguàn; ér Xīfāngrén zhǐyǒu zài zhèngshì chǎnghé cái wòshǒu, duōshù qíngkuàng xià zhǐshì xiào yi xiào, shuō shēng "hēi". Rúguǒ duìfāng shì nǚshì, nàme bǐjiào qiàdàng de fāngshì shì yóu nǚshì xiān shēn shǒu, nánshì bù yīng

谢谢？谢谢！

的礼节，年长的人应该主动伸手同年轻人握手，主人应该主动同客人握手。另外，握手时男士必须摘掉手套，而女士则不必。此外，西方人在宴会或商谈事情的场合中想要离开时，通常不必正式告辞，也不必一一握手，而只需对大家挥挥手表示再见。而中国人这时候常常会周到地和大家告别。

3. 打电话

西方人接电话时，一般都先说自己的电话号码和姓名。比如："你好，这里是52164768，我是杰克（Jack）。"而中国人往往是先问对方是谁。

4. 表示感谢

在中国，亲戚、熟人之间一般不说"谢谢"。你要这样讲，对方会觉得被当做外人而缺少亲切

礼节 lǐjié
courtesy

年长 niánzhǎng
older

商谈 shāngtán
to discuss, to negotiate

告辞 gàocí
to say goodbye to

一一 yīyī
one by one

熟人 shúrén
acquaintance

外人 wàirén
stranger

zhǔdòng shēn shǒu. Ànzhào Xīfāng de lǐjié, niánzhǎng de rén yīnggāi zhǔdòng shēn shǒu tóng niánqīng rén wòshǒu, zhǔrén yīnggāi zhǔdòng tóng kèrén wòshǒu. Lìngwài, wòshǒu shí nánshì bìxū zhāidiào shǒutào, ér nǚshì zé búbì. Cǐwài, Xīfāngrén zài yànhuì huò shāngtán shìqing de chǎnghé zhōng xiǎng yào líkāi shí, tōngcháng búbì zhèngshì gàocí, yě búbì yīyī wòshǒu, ér zhǐ xū duì dàjiā huīhui shǒu biǎoshì zàijiàn. Ér Zhōngguórén zhè shíhou chángcháng huì zhōudào de hé dàjiā gàobié.

3. Dǎ diànhuà

Xīfāngrén jiē diànhuà shí, yìbān dōu xiān shuō zìjǐ de diànhuà hàomǎ hé xìngmíng. Bǐrú: "Nǐ hǎo, zhèli shì wǔ èr yāo liù sì qī liù bā, wǒ shì Jiékè." Ér Zhōngguórén wǎngwǎng shì xiān wèn duìfāng shì shéi.

4. Biǎoshì gǎnxiè

Zài Zhōngguó, qīnqi、shúrén zhījiān yìbān bù shuō "xièxie". Nǐ yào zhèyàng jiǎng, duìfāng huì juéde bèi dàngzuò wàirén ér quēshǎo qīnqièˈgǎn.

谢谢？谢谢！

13

感。而西方人则从早到晚"谢"字不离口。服务员送来咖啡时要说一声"谢谢",找回零钱时也会说声"谢谢";学生在回答完问题后,教师要说"谢谢你";在家里,丈夫要谢谢妻子为他倒了一杯水,而妻子也要谢谢丈夫帮她做了什么事。正因为如此,中国学生在国外有时就会显得不够有礼貌,在别人为他们做了一些小事后,他们经常忘了表示感谢。

感 gǎn
sense, feeling, sentiment

5. 表示谦虚

中国人习惯于谦虚。当一个中国人听到别人赞扬他时,总是谦虚地说"哪里,哪里"或"还差得远呢"。西方人则正相反,当受到别人称赞时,他们往往会说"谢谢"以表示接受。

谦虚 qiānxū
modest, self-effacing

6. 请客吃饭

中国人在家里请人吃饭时,

Ér Xīfāngrén zé cóng zǎo dào wǎn "xiè" zì bù lí kǒu. Fúwùyuán sònglái kāfēi shí yào shuō yì shēng "xièxie", zhǎohuí língqián shí yě huì shuō shēng "xièxie"; xuésheng zài huídá wán wèntí hòu, jiàoshī yào shuō "xièxie nǐ"; zài jiāli, zhàngfu yào xièxie qīzi wèi tā dàole yì bēi shuǐ, ér qīzi yě yào xièxie zhàngfu bāng tā zuòle shénme shì. Zhèng yīnwèi rúcǐ, Zhōngguó xuésheng zài guówài yǒushí jiù huì xiǎnde bú gòu yǒu lǐmào, zài biéren wèi tāmen zuòle yìxiē xiǎo shì hòu, tāmen jīngcháng wàngle biǎoshì gǎnxiè.

5. Biǎoshì qiānxū

Zhōngguórén xíguàn yú qiānxū. Dāng yí ge Zhōngguórén tīngdào biéren zànyáng tā shí, zǒngshì qiānxū de shuō "nǎli, nǎli" huò "hái chà de yuǎn ne". Xīfāngrén zé zhèng xiāngfǎn, dāng shòudào biéren chēngzàn shí, tāmen wǎngwǎng huì shuō "xièxie" yǐ biǎoshì jiēshòu.

6. Qǐngkè chī fàn

Zhōngguórén zài jiāli qǐng rén chī fàn shí,

谢谢？谢谢！

一般都会准备很多酒菜，但自己却谦虚地说："没做什么菜，凑合吃吧。"西方人对此很不理解，明明做了这么多菜，怎么说没什么菜呢？这不是实事求是的行为嘛！

7. 进餐习惯

西方人认为，一再问客人要不要添加食物，或者不问客人需要不需要而给客人夹菜，都是不礼貌的。而中国人却正好相反，主人会往客人的碗里不断地夹菜，以表示自己的热情。另外，客人在餐桌上不拒绝主人的热情，这在中国人看来是有礼貌的表现，而西方人对这种态度却很难理解。

所以，中西方人士交往多了以后，对这些不同的交际习惯就能慢慢了解并理解了。

酒菜 jiǔcài
food and drink

凑合 còuhe
to make do

明明 míngmíng
obviously

行为 xíngwéi
behavior

进餐 jìn cān
to have a meal

一再 yízài
repeatedly

添加 tiānjiā
to add

餐桌 cānzhuō
dining table

人士 rénshì
personage, people

交往 jiāowǎng
to associate, to contact

yìbān dōu huì zhǔnbèi hěn duō jiǔcài, dàn zìjǐ què qiānxū de shuō: "Méi zuò shénme cài, còuhe chī ba." Xīfāngrén duì cǐ hěn bù lǐjiě, míngmíng zuòle zhème duō cài, zěnme shuō méi shénme cài ne? Zhè bú shì shí shì qiú shì de xíngwéi ma!

7. Jìncān xíguàn

Xīfāngrén rènwéi, yízài wèn kèrén yào bu yào tiānjiā shíwù, huòzhě bú wèn kèrén xūyào bu xūyào ér gěi kèrén jiā cài, dōu shì bù lǐmào de. Ér Zhōngguórén què zhènghǎo xiāngfǎn, zhǔrén huì wǎng kèrén de wǎn li búduàn de jiā cài, yǐ biǎoshì zìjǐ de rèqíng. Lìngwài, kèrén zài cānzhuō shang bú jùjué zhǔrén de rèqíng, zhè zài Zhōngguórén kànlái shì yǒu lǐmào de biǎoxiàn, ér Xīfāngrén duì zhè zhǒng tàidu què hěn nán lǐjiě.

Suǒyǐ, Zhōng-Xīfāng rénshì jiāowǎng duō le yǐhòu, duì zhèxiē bù tóng de jiāojì xíguàn jiù néng mànmàn liǎojiě bìng lǐjiě le.

Nǐ kàndǒngle ma?
你看懂了吗?

(1) 为什么有些中国学生在国外会被认为不够有礼貌?
Wèi shénme yǒuxiē Zhōngguó xuésheng zài guówài huì bèi rènwéi bú gòu yǒu lǐmào?

(2) 中国人在家里请客吃饭时会怎么做、怎么说?
Zhōngguórén zài jiāli qǐngkè chī fàn shí huì zěnme zuò、zěnme shuō?

(3) 在中国人家里吃饭,当主人给你夹菜时,中国人觉得怎么做才是有礼貌的表现?
Zài Zhōngguórén jiāli chī fàn, dāng zhǔrén gěi nǐ jiā cài shí, Zhōngguórén juéde zěnme zuò cái shì yǒu lǐmào de biǎoxiàn?

我来写两句

_____

_____

_____

_____

我是世界上最幽默的人

time: 6.5 mins
words: 640

Shéi Mǎi Dōngxi Shéi Fù Qián
谁买东西谁付钱

Yuèdú Tíshì:
阅读提示：

> guàng jiē, to stroll through streets

你和父母一起逛街时，会替他们付钱买东西吗？你觉得这方面中西方有差别吗？来看看作者讲的故事。

> chābié, difference

Nǐ hé fùmǔ yìqǐ guàngjiē shí, huì tì tāmen fù qián mǎi dōngxi ma? Nǐ juéde zhè fāngmiàn Zhōng-Xīfāng yǒu chābié ma? Lái kànkan zuòzhě jiǎng de gùshi.

中国人的家庭观念比较强，血缘关系在头脑中根深蒂固，父母、子女始终都是一家人。哪怕子女已经成家立业，和父母仍不分彼此。
5 而且，子女把赡养父母看做是自己应尽的责任。

西方人却不同，子女一到成年就会离开家庭，父母不再抚养他们。而子女一旦独立，也就很少再
10 去管父母家的事，更不要说赡养父母了。

中西方文化的这种差异，在购物时表现得尤其明显。中国人如果一大家人去购物，父母为子女买东
15 西是天经地义的，而已成年的子女为父母付钱也是很自然的。西方人却不同，常常是父母和子女各挣各的钱，也各付各的钱。甚至有些小孩儿买东西，也得用他们帮助父母

观念	guānniàn idea, concept, conception
血缘	xuèyuán ties of blood
头脑	tóunǎo brain, mind
根深蒂固	gēn shēn dì gù deep-rooted
哪怕	nǎpà even if
成家立业	chéng jiā lì yè to get married and have a successful career
彼此	bǐcǐ each other
赡养	shànyǎng to support, to provide for
成年	chéngnián adult
抚养	fǔyǎng to bring up
一旦	yídàn in case (something happens)
购物	gòu wù to shop
天经地义	tiān jīng dì yì right and proper, perfectly justified
挣	zhèng to earn

Zhōngguórén de jiātíng guānniàn bǐjiào qiáng, xuèyuán guānxi zài tóunǎo zhōng gēn shēn dì gù, fùmǔ、zǐnǚ shǐzhōng dōu shì yì jiā rén. Nǎpà zǐnǚ yǐjīng chéng jiā lì yè, hé fùmǔ réng bù fēn bǐcǐ. Érqiě, zǐnǚ bǎ shànyǎng fùmǔ kànzuò shì zìjǐ yīng jìn de zérèn.

Xīfāngrén què bù tóng, zǐnǚ yí dào chéngnián jiù huì líkāi jiātíng, fùmǔ bú zài fǔyǎng tāmen. Ér zǐnǚ yídàn dúlì, yě jiù hěn shǎo zài qù guǎn fùmǔ jiā de shì, gèng búyào shuō shànyǎng fùmǔ le.

谁买东西谁付钱

Zhōng-Xīfāng wénhuà de zhè zhǒng chāyì, zài gòuwù shí biǎoxiàn de yóuqí míngxiǎn. Zhōngguórén rúguǒ yí dà jiā rén qù gòuwù, fùmǔ wèi zǐnǚ mǎi dōngxi shì tiān jīng dì yì de, ér yǐ chéngnián de zǐnǚ wèi fùmǔ fù qián yě shì hěn zìrán de. Xīfāngrén què bù tóng, chángcháng shì fùmǔ hé zǐnǚ gè zhèng gè de qián, yě gè fù gè de qián. Shènzhì yǒuxiē xiǎoháir mǎi dōngxi, yě děi yòng tāmen bāngzhù fùmǔ zuò jiāwù zhèng de língyòngqián lái fù. Ér nàxiē yǐjīng

做家务挣的零用钱来付。而那些已经成年的子女，尽管手里有钱，也不会为他们的父母付钱。

曾经有这样一个真实的故事：有一天，在美国某个中国城的一家商店里，一位客人陪他从纽约来的母亲买东西。这位客人是个医生，住在高级住宅区，每次来都要买几千块钱的东西。见是这位客人，老板马上亲自接待，带他们上楼看贵重物品，好半天才下来。可是老太太什么都没有买，却在楼下看中了一个50美元的景泰蓝小盒子和一个也是50美元的水晶小象。她把两件东西拿在手里看了半天，一会儿说要买象，一会儿又说要买盒子，总也拿不定主意。老板心想：既然喜欢，为什么不都买下来？这时，站在她旁边的儿子有些不耐烦了，对

家务 jiāwù
household duties

零用钱 língyòngqián
pocket money

纽约 Niǔyuē
New York

高级 gāojí
high-class

住宅区 zhùzháiqū
residential quarters

贵重 guìzhòng
valuable

物品 wùpǐn
article, goods

景泰蓝 jǐngtàilán
cloisonné enamel

盒子 hézi
box

水晶 shuǐjīng
crystal

耐烦 nàifán
to be patient

chéngnián de zǐnǚ, jǐnguǎn shǒu li yǒu qián, yě bú huì wèi tāmen de fùmǔ fù qián.

Céngjīng yǒu zhèyàng yí ge zhēnshí de gùshì: Yǒu yì tiān, zài Měiguó mǒuge Zhōngguó Chéng de yì jiā shāngdiàn li, yí wèi kèrén péi tā cóng Niǔyuē lái de mǔqin mǎi dōngxi. Zhè wèi kèrén shì ge yīshēng, zhù zài gāojí zhùzháiqū, měi cì lái dōu yào mǎi jǐqiān kuài qián de dōngxi. Jiàn shì zhè wèi kèrén, lǎobǎn mǎshàng qīnzì jiēdài, dài tāmen shàng lóu kàn guìzhòng wùpǐn, hǎo bàntiān cái xiàlai. Kěshì lǎotàitai shénme dōu méiyou mǎi, què zài lóuxià kànzhòngle yí ge wǔshí měiyuán de jǐngtàilán xiǎo hézi hé yí ge yě shì wǔshí měiyuán de shuǐjīng xiǎo xiàng. Tā bǎ liǎng jiàn dōngxi ná zài shǒu li kànle bàntiān, yíhuìr shuō yào mǎi xiàng, yíhuìr yòu shuō yào mǎi hézi, zǒng yě ná bu dìng zhǔyi. Lǎobǎn xīn xiǎng: Jìrán xǐhuan, wèi shénme bù dōu mǎi xialai? Zhèshí, zhàn zài tā pángbiān de érzi yǒuxiē bú nàifán le, duì mǔqin shuō: "Māma, nǐ zhǐ yǒu wǔshí

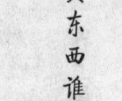

谁买东西谁付钱

母亲说:"妈妈,你只有50多块,只能买一样。等你回纽约把钱寄给我,我再帮你买第二样吧。"

这个故事大概能让人明白,为什么美国人对于"望子成龙"、"望女成凤"的期望没有中国人这么高。也许这也正是中西方文化的差异吧!

望子成龙
wàng zǐ chéng lóng
to long to see one's son succeed in life

望女成凤
wàng nǚ chéng fèng
to long to see one's daughter succeed in life

期望 qīwàng
to expect

我来写两句

duō kuài, zhǐ néng mǎi yí yàng. Děng nǐ huí Niǔyuē bǎ qián jì gěi wǒ, wǒ zài bāng nǐ mǎi dì èr yàng ba."

Zhège gùshi dàgài néng ràng rén míngbai, wèi shénme Měiguórén duìyú "wàng zǐ chéng lóng"、"wàng nǚ chéng fèng" de qīwàng méiyǒu Zhōngguórén zhème gāo. Yěxǔ zhè yě zhèng shì Zhōng-Xīfāng wénhuà de chāyì ba!

谁买东西谁付钱

Wǒ Lái Xiě Liǎng Jù

你看懂了吗？ Nǐ Kàndǒngle ma?

(1) 中西方家庭观念的差异在购物时有什么表现？
Zhōng-Xīfāng jiātíng guānniàn de chāyì zài gòuwù shí yǒu shénme biǎoxiàn?

(2) 文章中提到的那位当医生的儿子为什么在母亲买东西的时候有些不耐烦？
Wénzhāng zhōng tídào de nà wèi dāng yīshēng de érzi wèi shénme zài mǔqin mǎi dōngxi de shíhou yǒuxiē bú nàifán?

(3) 中国人为什么会有"望子成龙"、"望女成凤"的想法？
Zhōngguórén wèi shénme huì yǒu "wàng zǐ chéng lóng"、"wàng nǚ chéng fèng" de xiǎngfa?

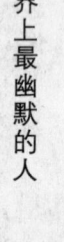

我是世界上最幽默的人

我来写两句

_____

_____

_____

_____

time: 5.5 mins
words: 525

4

Shéi Gèng Ài Huā Qián

谁更爱花钱

Yuèdú Tíshì:
阅读提示:

shēchǐ, luxurious
fùyù, rich, affluent
pǐn, article

有人说,中国还不是一个富裕国家,这从奢侈品消费的情况就可以看出来。为什么这样说呢?请看这篇文章的分析吧。

Yǒu rén shuō, Zhōngguó hái bú shì yí ge fùyù guójiā, zhè cóng shēchǐpǐn xiāofèi de qíngkuàng jiù kěyǐ kàn chulai. Wèi shénme zhèyàng shuō ne? Qǐng kàn zhè piān wénzhāng de fēnxī ba.

27

有研究者指出，中国的奢侈品消费和发达国家相比，有两个不同点：第一，在中国购买奢侈品的大部分是40岁以下的年轻人。而在发达国家，购买奢侈品的主要是40到70岁的中年人和老年人。第二，对于中国人来说，奢侈品大部分还集中在服饰、香水、手表等个人奢侈品上。而在发达国家，房屋、汽车、旅游才是大家希望得到的奢侈品。

真正反映一个社会富裕程度的，是看中老年人是否有钱。中国的状况恰恰证明，它还不是一个富裕的国家。另外，中国人似乎更追求个人的奢侈。而在发达国家，绝大多数人追求的是家庭的奢侈。这可能与生活方式有关，人口密度高的生活方式容易产生人与人之间的

者	zhě — person
相比	xiāng bǐ — to compare with
购买	gòumǎi — to buy, to purchase
中年	zhōngnián — middle age
老年	lǎonián — old age
服饰	fúshì — dress and personal adornment
香水	xiāngshuǐ — perfume, scent
房屋	fángwū — houses, buildings
旅游	lǚyóu — to travel, to tour
恰恰	qiàqià — exactly, precisely
追求	zhuīqiú — to pursue
绝	jué — extremely, most
密度	mìdù — density

Yǒu yánjiūzhě zhǐchū, Zhōngguó de shēchǐpǐn xiāofèi hé fādá guójiā xiāng bǐ, yǒu liǎng ge bù tóng diǎn: Dì yī, zài Zhōngguó gòumǎi shēchǐpǐn de dà bùfen shì sìshí suì yǐxià de niánqīng rén. Ér zài fādá guójiā, gòumǎi shēchǐpǐn de zhǔyào shì sìshí dào qīshí suì de zhōngniánrén hé lǎoniánrén. Dì èr, duìyú Zhōngguórén lái shuō, shēchǐpǐn dà bùfen hái jízhōng zài fúshì、xiāngshuǐ、shǒubiǎo děng gèrén shēchǐpǐn shang. Ér zài fādá guójiā, fángwū、qìchē、lǚyóu cái shì dàjiā xīwàng dédào de shēchǐpǐn.

　　Zhēnzhèng fǎnyìng yí ge shèhuì fùyù chéngdù de, shì kàn zhōng-lǎoniánrén shìfǒu yǒu qián. Zhōngguó de zhuàngkuàng qiàqià zhèngmíng, tā hái bú shì yí ge fùyù de guójiā. Lìngwài, Zhōngguórén sìhū gèng zhuīqiú gèrén de shēchǐ. Ér zài fādá guójiā, jué dàduōshù rén zhuīqiú de shì jiātíng de shēchǐ. Zhè kěnéng yǔ shēnghuó fāngshì yǒuguān, rénkǒu mìdù gāo de shēnghuó fāngshì róngyì chǎnshēng rén yǔ rén zhījiān de pānbǐ zhī fēng; ér

20 攀比之风；而人口密度低的地方，生活方式就会比较朴实。

美国富人不露富。在美国，你看不出街上究竟谁是亿万富翁，谁是打工仔。有个笑话说，在华尔
25 街上走一圈看看，那些穿衣讲究的人，都是在公司上班的打工族；而那些穿衣随便的人，都可能是公司的老板。

韩国人也很注意务实消费。走
30 在韩国的大街上，你看到奢侈品的机会其实并不多，普通的韩国老百姓也很少问津那些东西，他们买的大都是些实用的东西。

另外，中国奢侈品消费者的
35 年龄、性别也和发达国家不同。在日本，奢侈品的主要消费人群是二三十岁的单身女性。而在中国，估计60%的消费来自中年男性。

攀比 pānbǐ to try to keep up with the Joneses

朴实 pǔshí simple, plain

露富 lòu fù to reveal one's wealth

亿万富翁 yìwàn fùwēng billionaire

打工仔 dǎgōngzǎi working man

华尔街 Huá'ěr Jiē Wall Street

圈 quān circle

讲究 jiǎngjiu to pay attention to

族 zú class, group

务实 wùshí pragmatic, practical

消费 xiāofèi to consume

问津 wènjīn to make enquiries

性别 xìngbié gender

人群 rénqún crowd

单身 dānshēn unmarried or single person

rénkǒu mìdù dī de dìfang, shēnghuó fāngshì jiù huì bǐjiào pǔshí.

Měiguó fùrén bú lòufù. Zài Měiguó, nǐ kàn bu chū jiē shang jiūjìng shéi shì yìwàn fùwēng, shéi shì dǎgōngzǎi. Yǒu ge xiàohua shuō, zài Huá'ěr Jiē shang zǒu yì quān kànkan, nàxiē chuānyī jiǎngjiu de rén, dōu shì zài gōngsī shàngbān de dǎgōngzú; ér nàxiē chuānyī suíbiàn de rén, dōu kěnéng shì gōngsī de lǎobǎn.

Hánguórén yě hěn zhùyì wùshí xiāofèi. Zǒu zài Hánguó de dàjiē shang, nǐ kàndào shēchǐpǐn de jīhuì qíshí bìng bù duō, pǔtōng de Hánguó lǎobǎixìng yě hěn shǎo wènjīn nàxiē dōngxi, tāmen mǎi de dàdū shì xiē shíyòng de dōngxi.

Lìngwài, Zhōngguó shēchǐpǐn xiāofèizhě de niánlíng、xìngbié yě hé fādá guójiā bù tóng. Zài Rìběn, shēchǐpǐn de zhǔyào xiāofèi rénqún shì èr-sānshí suì de dānshēn nǚxìng. Ér zài Zhōngguó, gūjì bǎi fēnzhī liùshí de xiāofèi lái zì zhōngnián nánxìng.

Nǐ Kàndǒngle ma?
你看懂了吗？

(1) 中国人购买的奢侈品跟发达国家有什么不同？
Zhōngguórén gòumǎi de shēchǐpǐn gēn fādá guójiā yǒu shénme bù tóng?

(2) 追求个人奢侈和追求家庭奢侈的不同与什么有关？
Zhuīqiú gèrén shēchǐ hé zhuīqiú jiātíng shēchǐ de bù tóng yǔ shénme yǒuguān?

(3) 美国人、韩国人和日本人的消费特点各是什么？
Měiguórén、Hánguórén hé Rìběnrén de xiāofèi tèdiǎn gè shì shénme?

我来写两句

_____

_____

_____

_____

我是世界上最幽默的人

time: 7 mins
words: 685

5

Háizi, Nǐ Kǎole Duōshao Fēn
孩子，你考了多少分

Yuèdú Tíshì:
阅读提示：

你认为中西方父母对孩子的关心是一样的吗？我们看看这篇文章从哪些方面作了比较。

Nǐ rènwéi Zhōng-Xīfāng fùmǔ duì háizi de guānxīn shì yíyàng de ma? Wǒmen kànkan zhè piān wénzhāng cóng nǎxiē fāngmiàn zuòle bǐjiào.

中外父母在对待孩子的态度上有什么不同?这是个常常引起人们讨论的话题。下面这些方面就是大家常常用来作对比的。

一、孩子放学回家后,中国父母会问:"今天学习怎么样?考试得了多少分?"外国父母则会问:"今天在学校过得愉快吗?和同学相处得好吗?"

二、当孩子在家里说起某个同学时,中国父母首先会问:"这个同学学习成绩好吗?"而外国父母则会问:"这个同学为人怎么样?"

三、当孩子在家里无所事事的时候,中国父母会对孩子说:"乖孩子,在家好好儿玩儿,别到外面去,外面车太多!"外国父母则会说:"孩子,你为什么不到外面去走走呢?你在外面可以和小伙伴们

放学 fàng xué
(of school) to let out

相处 xiāngchǔ
to get along (with one another)

为人 wéirén
to behave, to conduct oneself

无所事事 wú suǒ shì shì
to have nothing to do

乖 guāi
(of children) well-behaved

伙伴 huǒbàn
companion

Zhōngwài fùmǔ zài duìdài háizi de tàidu shang yǒu shénme bù tóng? Zhè shì ge chángcháng yǐnqǐ rénmen tǎolùn de huàtí. Xiàmian zhèxiē fāngmiàn jiù shì dàjiā chángcháng yònglái zuò duìbǐ de.

Yī、Háizi fàngxué huí jiā hòu, Zhōngguó fùmǔ huì wèn: "Jīntiān xuéxí zěnmeyàng? Kǎoshì déle duōshao fēn?" Wàiguó fùmǔ zé huì wèn: "Jīntiān zài xuéxiào guò de yúkuài ma? Hé tóngxué xiāngchǔ de hǎo ma?"

Èr、Dāng háizi zài jiāli shuōqi mǒuge tóngxué shí, Zhōngguó fùmǔ shǒuxiān huì wèn: "Zhège tóngxué xuéxí chéngjì hǎo ma?" Ér wàiguó fùmǔ zé huì wèn: "Zhège tóngxué wéirén zěnmeyàng?"

Sān、Dāng háizi zài jiāli wú suǒ shì shì de shíhou, Zhōngguó fùmǔ huì duì háizi shuō: "Guāi háizi, zài jiā hǎohāor wánr, bié dào wàimian qù, wàimian chē tài duō!" Wàiguó fùmǔ zé huì shuō: "Háizi, nǐ wèi shénme bú dào wàimian qù zǒuzou ne? Nǐ zài wàimian kěyǐ hé xiǎo huǒbànmen yìqǐ

孩子,你考了多少分

20 一起玩儿啊！"

四、如果父母看到自己的孩子跟别的孩子打架，中国父母会一把拉开自己的孩子，并指着另一个孩子说："你没家教吗？为什么要打
25 我的孩子？"外国父母会把两个孩子拉开说："孩子们，有什么问题解决不了？为什么要闹矛盾呢？"

五、孩子叫家长为他们买东西的时候，中国父母首先会问："那
30 东西贵吗？"而外国父母首先会问："那东西对你有用吗？"

六、当孩子打算做某件自己喜欢的事，与父母商量时，中国父母会说："别去干，搞好你的学习，
35 考试得第一才是你要做的。"外国父母则会说："好啊，你可以去试试，祝你成功！"

七、当孩子做某件事失败后，

打架 dǎ jià
to fight

家教 jiājiào
family education

wánr a!"

Sì、Rúguǒ fùmǔ kàndào zìjǐ de háizi gēn bié de háizi dǎjià, Zhōngguó fùmǔ huì yì bǎ lākāi zìjǐ de háizi, bìng zhǐzhe lìng yí ge háizi shuō: "Nǐ méi jiājiào ma? Wèi shénme yào dǎ wǒ de háizi?" Wàiguó fùmǔ huì bǎ liǎng ge háizi lākāi shuō: "Háizimen, yǒu shénme wèntí jiějué bu liǎo? Wèi shénme yào nào máodùn ne?"

Wǔ、Háizi jiào jiāzhǎng wèi tāmen mǎi dōngxi de shíhou, Zhōngguó fùmǔ shǒuxiān huì wèn: "Nà dōngxi guì ma?" Ér wàiguó fùmǔ shǒuxiān huì wèn: "Nà dōngxi duì nǐ yǒuyòng ma?"

孩子，你考了多少分

Liù、Dāng háizi dǎsuàn zuò mǒu jiàn zìjǐ xǐhuan de shì, yǔ fùmǔ shāngliang shí, Zhōngguó fùmǔ huì shuō: "Bié qù gàn, gǎohǎo nǐ de xuéxí, kǎoshì dé dì yī cái shì nǐ yào zuò de." Wàiguó fùmǔ zé huì shuō: "Hǎo a, nǐ kěyǐ qù shìshi, zhù nǐ chénggōng!"

Qī、Dāng háizi zuò mǒu jiàn shì shībài hòu,

中国父母会说:"我早就告诉过你不要分心,好好儿学习,现在后悔了吧?"外国父母则会说:"孩子,我也很难过,下次你会做得更好的。你要知道,并不是每次尝试都会成功的。"

八、当孩子做某件事成功后,中国父母会说:"别太高兴了,这些东西没用,你还是好好儿学习,将来考上名牌大学。"外国父母则会说:"孩子,祝贺你!你真棒!我们为你自豪。"

分心 fēn xīn
to divert or distract (sb.'s attention)

尝试 chángshì
to attempt, to try

名牌 míngpái
famous brand

棒 bàng
excellent

自豪 zìháo
to be proud of

我来写两句

Zhōngguó fùmǔ huì shuō: "Wǒ zǎo jiù gàosuguo nǐ búyào fēnxīn, hǎohāor xuéxí, xiànzài hòuhuǐle ba?" Wàiguó fùmǔ zé huì shuō: "Háizi, wǒ yě hěn nánguò, xià cì nǐ huì zuò de gèng hǎo de. Nǐ yào zhīdao, bìng bú shì měi cì chángshì dōu huì chénggōng de."

Bā、Dāng háizi zuò mǒu jiàn shì chénggōng hòu, Zhōngguó fùmǔ huì shuō: "Bié tài gāoxìng le, zhèxiē dōngxi méi yòng, nǐ háishi hǎohāor xuéxí, jiānglái kǎoshang míngpái dàxué." Wàiguó fùmǔ zé huì shuō: "Háizi, zhùhè nǐ! Nǐ zhēn bàng! Wǒmen wèi nǐ zìháo."

孩子，你考了多少分

Wǒ Lái Xiě Liǎng Jù

你看懂了吗？ Nǐ Kàndǒngle ma?

(1) 当孩子在家里提起自己的同学时，中国父母关心的是什么？外国父母关心的是什么？为什么？
Dāng háizi zài jiāli tíqi zìjǐ de tóngxué shí, Zhōngguó fùmǔ guānxīn de shì shénme? Wàiguó fùmǔ guānxīn de shì shénme? Wèi shénme?

(2) 为什么外国父母鼓励自己的孩子多到外边去玩儿？
Wèi shénme wàiguó fùmǔ gǔlì zìjǐ de háizi duō dào wàibian qù wánr?

(3) 当孩子做成功一件跟学习无关的事情时，为什么中国父母不鼓励他？
Dāng háizi zuò chénggōng yí jiàn gēn xuéxí wúguān de shìqing shí, wèi shénme Zhōngguó fùmǔ bù gǔlì tā?

我是世界上最幽默的人

我来写两句

time: 17 mins
words: 1698

6

Wǒ Zài Měiguó Shàngxué de Rìzi
我在美国上学的日子

Xiǎoháo
小 豪

Yuèdú Tíshì:
阅读提示：

　　小豪是个在美国上学的中国孩子。在他眼里，美国的学校有哪些方面是很新鲜、很特别的呢？我们来看看他讲的故事吧。

　　Xiǎoháo shì ge zài Měiguó shàngxué de Zhōngguó háizi. Zài tā yǎnli, Měiguó de xuéxiào yǒu nǎxiē fāngmiàn shì hěn xīnxiān、hěn tèbié de ne? Wǒmen lái kànkan tā jiǎng de gùshi ba.

我是在中国上小学五年级时随父母来到美国的，下个学期就要上初中了。在美国上学的日子，对我来说都是新鲜的经历。下面这些事就是我要跟我在中国的同学们说的。

首先，上学特别"累"。

开学了，发书了，书全都免费。可是打开一看，全是别人用过的旧书，上边还写着以前的主人的姓名，而且这样的名字至少有10个。但是书却保存得很好，跟新书差不多。跟书一起发下来的还有一张"协议"式的说明，上面写着这本书的价格，并说损坏或丢失必须赔偿，然后签字。这些书每本都像词典一样沉，几本书放在书包里根本背不动。同学们都用带轮子的行李包拉着走。更糟糕的是，每上一

初中 chūzhōng
junior high school

免费 miǎn fèi
to be free of charge

协议 xiéyì
agreement

式 shì
form, pattern

损坏 sǔnhuài
to damage

丢失 diūshī
to lose

赔偿 péicháng
to compensate

签字 qiān zì
to sign

沉 chén
heavy

轮子 lúnzi
wheel

我是世界上最幽默的人

Wǒ shì zài Zhōngguó shàng xiǎoxué wǔ niánjí shí suí fùmǔ láidào Měiguó de, xià ge xuéqī jiù yào shàng chūzhōng le. Zài Měiguó shàngxué de rìzi, duì wǒ lái shuō dōu shì xīnxiān de jīnglì. Xiànmian zhèxiē shì jiù shì wǒ yào gēn wǒ zài Zhōngguó de tóngxuémen shuō de.

Shǒuxiān, shàngxué tèbié "lèi".

Kāixué le, fā shū le, shū quán dōu miǎnfèi. Kěshì dǎkāi yí kàn, quán shì biéren yòngguo de jiù shū, shàngbian hái xiězhe yǐqián de zhǔrén de xìngmíng, érqiě zhèyàng de míngzi zhìshǎo yǒu shí ge. Dànshì shū què bǎocún de hěn hǎo, gēn xīn shū chàbuduō. Gēn shū yìqǐ fā xialai de hái yǒu yì zhāng "xiéyì" shì de shuōmíng, shàngmian xiězhe zhè běn shū de jiàgé, bìng shuō sǔnhuài huò diūshī bìxū péicháng, ránhòu qiānzì. Zhèxiē shū měi běn dōu xiàng cídiǎn yíyàng chén, jǐ běn shū fàng zài shūbāo li gēnběn bēi bu dòng. Tóngxuémen dōu yòng dài

节课就得换教室，大家都得拉着书包满学校跑。

其实文化课并不累，累的是体育课。除了星期三，每天都有体育课，三分之一的时间在教室外活动，篮球、排球、橄榄球……那些美国孩子壮得像牛，我怎么也抢不过他们，常常不是被他们撞倒，就是自己累得爬不起来。

还有，我学会了"做生意"！

我英语不好，最怕数学应用题，不过真正理解了，计算不成问题，而且老师也非常重视实践。有一次，我的数学应用题又没考好。老师说，如果我能把在饭馆里吃饭花的钱算清楚，就给我加分。于是下课回到家以后，我就请求爸爸带我到饭馆去吃饭。从每样菜多少钱，到加多少税和小费，一笔一笔

橄榄球 gǎnlǎnqiú
rugby, American football

壮 zhuàng
strong

应用题 yìngyòngtí
word problem

饭馆 fànguǎn
restaurant

税 shuì
tax

小费 xiǎofèi
tip

lúnzi de xínglǐbāo lāzhe zǒu. Gèng zāogāo de shì, měi shàng yí jié kè jiù děi huàn jiàoshì, dàjiā dōu děi lāzhe shūbāo mǎn xuéxiào pǎo.

Qíshí wénhuàkè bìng bú lèi, lèi de shì tǐyùkè. Chúle xīngqīsān, měi tiān dōu yǒu tǐyùkè, sān fēnzhī yī de shíjiān zài jiàoshì wài huódòng, lánqiú、páiqiú、gǎnlǎnqiú……Nàxiē Měiguó háizi zhuàng de xiàng niú, wǒ zěnme yě qiǎng bu guò tāmen, chángcháng bú shì bèi tāmen zhuàngdǎo, jiù shì zìjǐ lèi de pá bu qǐlái.

Hái yǒu, wǒ xuéhuìle "zuò shēngyi"!

Wǒ Yīngyǔ bù hǎo, zuì pà shùxué yìngyòngtí, búguò zhēnzhèng lǐjiě le, jìsuàn bù chéng wèntí, érqiě lǎoshī yě fēicháng zhòngshì shíjiàn. Yǒu yí cì, wǒ de shùxué yìngyòngtí yòu méi kǎohǎo. Lǎoshī shuō, rúguǒ wǒ néng bǎ zài fànguǎn li chī fàn huā de qián suàn qīngchu, jiù gěi wǒ jiā fēn. Yúshì xiàkè huídào jiā yǐhòu, wǒ jiù qǐngqiú bàba dài wǒ dào fànguǎn qù chī fàn. Cóng měi yàng cài duōshao

都算清楚。第二天,我把算好的结果交给老师,老师很满意,真给我加了分。

　　老师鼓励我们学用结合。每个月老师会根据我们的成绩发"奖金",最好的学生每月800"美元",最少的100"美元"左右。老师给我们开"支票",我们拿"支票"到"银行"换"现金"("支票"和"现金"都是老师自己做的,只能在学校用)。然后每月举行一次交易会或拍卖会。学生们从家里把不需要的用品和玩具等带到学校里来卖,也卖自己做的小食品,这时老师发的"奖金"就全都用上了。

　　学校还批发了一批巧克力,老师让我们进行推销实践。学生要自己找客户并自己送货上门,学校

奖金 jiǎngjīn
bonus

支票 zhīpiào
(bank) check

现金 xiànjīn
cash

交易 jiāoyì
to buy and sell, to trade

拍卖 pāimài
to auction

用品 yòngpǐn
articles for use

玩具 wánjù
toy

批发 pīfā
wholesale

巧克力 qiǎokèlì
chocolate

推销 tuīxiāo
to peddle, to promote sales

客户 kèhù
client, customer

上门 shàng mén
to drop in, to visit

qián, dào jiā duōshao shuì hé xiǎofèi, yì bǐ yì bǐ dōu suàn qīngchu. Dì èr tiān, wǒ bǎ suànhǎo de jiéguǒ jiāo gěi lǎoshī, lǎoshī hěn mǎnyì, zhēn gěi wǒ jiāle fēn.

Lǎoshī gǔlì wǒmen xué yòng jiéhé. Měi ge yuè lǎoshī huì gēnjù wǒmen de chéngjì fā "jiǎngjīn", zuì hǎo de xuésheng měi yuè bābǎi "měiyuán", zuì shǎo de yìbǎi "měiyuán" zuǒyòu. Lǎoshī gěi wǒmen kāi "zhīpiào", wǒmen ná "zhīpiào" dào "yínháng" huàn "xiànjīn" ("zhīpiào" hé "xiànjīn" dōu shì lǎoshī zìjǐ zuò de, zhǐ néng zài xuéxiào yòng). Ránhòu měi yuè jǔxíng yí cì jiāoyìhuì huò pāimàihuì. Xuéshengmen cóng jiāli bǎ bù xūyào de yòngpǐn hé wánjù děng dàidào xuéxiào li lái mài, yě mài zìjǐ zuò de xiǎo shípǐn, zhèshí lǎoshī fā de "jiǎngjīn" jiù quán dōu yòngshang le.

Xuéxiào hái pīfāle yì pī qiǎokèlì, lǎoshī ràng wǒmen jìnxíng tuīxiāo shíjiàn. Xuésheng yào zìjǐ zhǎo kèhù bìng zìjǐ sòng huò shàngmén, xuéxiào

我在美国上学的日子

根据推销的多少，给每个学生打分算成绩。我好不容易才找到5个客户，还好最后得了个B。

对于这一点，爸爸妈妈好像有点儿意见。在他们看来，这似乎有些不务正业。他们总是告诉我，只有学好文化课才是最重要的。可是在学校里，光是学习好的学生，美国孩子根本看不起。在他们眼里，脑子灵、什么都会做，才算是优秀的学生呢！

没想到的是，我还要向家长讲解作业。

按学校的要求，下课回到家，我要主动把自己学到的东西讲解给家长听。遇到家长"糊涂"的时候，还得解释好几遍。按规定，只有家长真正懂了，在我的作业上签了字，我的作业才算通过了。

不务正业
bú wù zhèng yè
to ignore one's proper occupation

灵 líng
bright, clever

家长 jiāzhǎng
parent of a child

讲解 jiǎngjiě
to explain

gēnjù tuīxiāo de duōshao, gěi měi ge xuésheng dǎ fēn suàn chéngjì. Wǒ hǎobù róngyì cái zhǎodào wǔ ge kèhù, hái hǎo zuìhòu déle ge B.

Duìyú zhè yì diǎn, bàba māma hǎoxiàng yǒudiǎnr yìjiàn. Zài tāmen kànlái, zhè sìhū yǒuxiē bú wù zhèngyè. Tāmen zǒngshì gàosu wǒ, zhǐyǒu xuéhǎo wénhuàkè cái shì zuì zhòngyào de. Kěshì zài xuéxiào li, guāng shì xuéxí hǎo de xuésheng, Měiguó háizi gēnběn kànbuqǐ. Zài tāmen yǎnli, nǎozi líng、shénme dōu huì zuò, cái suàn shì yōuxiù de xuésheng ne!

Méi xiǎngdào de shì, Wǒ hái yào xiàng jiāzhǎng jiǎngjiě zuòyè.

Àn xuéxiào de yāoqiú, xiàkè huídào jiā, wǒ yào zhǔdòng bǎ zìjǐ xuédào de dōngxi jiǎngjiě gěi jiāzhǎng tīng. Yùdào jiāzhǎng "hútu" de shíhou, hái děi jiěshì hǎojǐ biàn. Àn guīdìng, zhǐyǒu jiāzhǎng zhēnzhèng dǒng le, zài wǒ de zuòyè shang qiān le zì, wǒ de zuòyè cái suàn tōngguò le.

小时候，晚上都是爸爸妈妈给我讲故事。如今在这里，每晚我都必须给他们读故事。这些故事书都是从学校图书馆借来的。我不光要读故事给爸爸妈妈听，还要向他们解释，每篇都得由他们签字才算通过。还书的时候，学校图书馆的管理员还要对书里的内容进行提问，根据我的理解打分，成绩交给班主任，每个学期计算总分，然后再借给我新书。

还有个新鲜事——家长会分别开。

到美国后第一次开家长会，是我带爸爸去的。去了以后发现，教室里除了老师没有别人。我以为弄错了，老师却笑着让我们进去。后来我才知道，在这里，家长会是分别开的。老师与每个家长大约谈10

管理员 guǎnlǐyuán
attendant

提问 tíwèn
to ask a question

班主任 bānzhǔrèn
a teacher in charge of a class

总分 zǒngfēn
total score

家长会 jiāzhǎnghuì
parents' meeting

Xiǎo shíhou, wǎnshang dōu shì bàba māma gěi wǒ jiǎng gùshi. Rújīn zài zhèli, měi wǎn wǒ dōu bìxū gěi tāmen dú gùshi. Zhèxiē gùshishū dōu shì cóng xuéxiào túshūguǎn jièlai de. Wǒ bùguāng yào dú gùshi gěi bàba māma tīng, hái yào xiàng tāmen jiěshì, měi piān dōu děi yóu tāmen qiānzì cái suàn tōngguò. Huán shū de shíhou, xuéxiào túshūguǎn de guǎnlǐyuán hái yào duì shū li de nèiróng jìnxíng tíwèn, gēnjù wǒ de lǐjiě dǎ fēn, chéngjì jiāo gěi bānzhǔrèn, měi ge xuéqī jìsuàn zǒngfēn, ránhòu zài jiè gěi wǒ xīn shū.

Hái yǒu ge xīnxiān shì——jiāzhǎnghuì fēnbié kāi.

Dào Měiguó hòu dì yī cì kāi jiāzhǎnghuì, shì wǒ dài bàba qù de. Qùle yǐhòu fāxiàn, jiàoshì li chúle lǎoshī méiyǒu biérén. Wǒ yǐwéi nòngcuò le, lǎoshī què xiàozhe ràng wǒmen jìnqu. Hòulái wǒ cái zhīdao, zài zhèli, jiāzhǎnghuì shì fēnbié kāi de. Lǎoshī yǔ měi ge jiāzhǎng dàyuē tán shí dào

到20分钟左右，所以通知上说，家长会一共要开两天。

当然，每年也有一次家长会是所有家长一起出席的，主要是向家长解释期终考试如何进行。

最让我变得自信的是，这里以表扬为主。

在学校，每当我们作业做得不太好，甚至做错了什么事，老师总是会说："没什么关系时，不过……"老师总是尽量鼓励我们，给我们信心。而我们每做出一点儿成绩，老师就马上表扬，鼓励我们继续努力。

去年11月，我怎么也没想到，自己竟然被评上了班里每月一名的"超级明星"。我说"没想到"，是因为我的英语不是很好。可是老师说，评上我是因为我的学习进

期终考试 qīzhōng kǎoshì
final exam

自信 zìxìn
to be self-confident

甚至 shènzhì
even

竟然 jìngrán
unexpectedly

评 píng
to assess

超级 chāojí
super

明星 míngxīng
(movie, etc.) star

èrshí fēnzhōng zuǒyòu, suǒyǐ tōngzhī shang shuō, jiāzhǎnghuì yígòng yào kāi liǎng tiān.

Dāngrán, měi nián yě yǒu yí cì jiāzhǎnghuì shì suǒyǒu jiāzhǎng yìqǐ chūxí de, zhǔyào shì xiàng jiāzhǎng jiěshì qīzhōng kǎoshì rúhé jìnxíng.

Zuì ràng wǒ biàn de zìxìn de shì, zhèli yǐ biǎoyáng wéi zhǔ.

Zài xuéxiào, měi dāng wǒmen zuòyè zuò de bú tài hǎo, shènzhì zuòcuòle shénme shì shí, lǎoshī zǒngshì huì shuō: "Méi shénme guānxi, búguò……" Lǎoshī zǒngshì jǐnliàng gǔlì wǒmen, gěi wǒmen xìnxīn. Ér wǒmen měi zuòchū yìdiǎnr chéngjì, lǎoshī jiù mǎshàng biǎoyáng, gǔlì wǒmen jìxù nǔlì.

Qùnián shíyīyuè, wǒ zěnme yě méi xiǎngdào, zìjǐ jìngrán bèi píngshangle bān li měi yuè yì míng de "chāojí míngxīng". Wǒ shuō "méi xiǎngdào", shì yīnwèi wǒ de Yīngyǔ bú shì hěn hǎo. Kěshì lǎoshī shuō, píngshang wǒ shì yīnwèi wǒ de xuéxí jìnbù fēicháng kuài, qítā gè fāngmiàn biǎoxiàn yě dōu

我在美国上学的日子

步非常快，其他各方面表现也都很好。受到这次鼓励以后，我越来越努力了，今年5月我又获得了全校的"学习进步成就奖"。在班里，我的胆子也越来越大了。不过爸爸总是告诉我，要谦虚谨慎，多作自我批评。可是我的那些美国同学总是喜欢自我表扬，他们都特别自信。

　　回到中国上学以后，我只是担心文化课会跟不上大家，但别的方面，我还是有足够的自信的。

胆子 dǎnzi
courage

谦虚 qiānxū
modest, self-effac[ing]

谨慎 jǐnshèn
prudent, careful

足够 zúgòu
enough

我来写两句

hěn hǎo. Shòudào zhè cì gǔlì yǐhòu, wǒ yuè lái yuè nǔlì le, jīnnián wǔyuè wǒ yòu huòdéle quán xiào de "xuéxí jìnbù chéngjiù jiǎng". Zài bān li, wǒ de dǎnzi yě yuè lái yuè dà le. Búguò bàba zǒngshì gàosu wǒ, yào qiānxū jǐnshèn, duō zuò zìwǒ pīpíng. Kěshì wǒ de nàxiē Měiguó tóngxué zǒngshì xǐhuan zìwǒ biǎoyáng, tāmen dōu tèbié zìxìn.

Huídào Zhōngguó shàngxué yǐhòu, wǒ zhǐshì dānxīn wénhuàkè huì gēn bu shàng dàjiā, dàn bié de fāngmiàn, wǒ háishi yǒu zúgòu de zìxìn de.

我在美国上学的日子

Wǒ Lái Xiě Liǎng Jù

Nǐ Kàndǒngle ma?
你看懂了吗?

(1) "我"觉得在美国上学哪些方面特别累?
"Wǒ" juéde zài Měiguó shàngxué nǎxiē fāngmiàn tèbié lèi?

(2) 老师给"我"加分的条件是什么?
Lǎoshī gěi "wǒ" jiā fēn de tiáojiàn shì shénme?

(3) 老师发的"奖金"是做什么用的?
Lǎoshī fā de "jiǎngjīn" shì zuò shénme yòng de?

(4) "我"到图书馆还书的时候,图书管理员会做什么?
"Wǒ" dào túshūguǎn huán shū de shíhou, túshū guǎnlǐyuán huì zuò shénme?

(5) 美国学校的家长会一般怎么开?
Měiguó xuéxiào de jiāzhǎnghuì yìbān zěnme kāi?

(6) "我"为什么被评上了"超级明星"?
"Wǒ" wèi shénme bèi píngshangle "chāojí míngxīng"?

我是世界上最幽默的人

time: 9 mins
words: 877

Zhōngguó Láixìn Gǎibiànle
中国来信改变了
Wǒ de Shēnghuó
我的生活

[Gēlúnbǐyà] Kǎluòsī
[哥伦比亚] 卡洛斯
Columbia

电子邮件

Yuèdú Tíshì:
阅读提示:

卡洛斯生活在离中国很远的哥伦比亚,当他要学一门新的外语时,他为什么选择汉语呢?一封来自中国的信对他产生了什么样的影响呢?我们来看看他是怎么说的。

　　Kǎluòsī shēnghuó zài lí Zhōngguó hěn yuǎn de Gēlúnbǐyà, dāng tā yào xué yì mén xīn de wàiyǔ shí, tā wèi shénme xuǎnzé Hànyǔ ne? Yì fēng lái zì Zhōngguó de xìn duì tā chǎnshēngle shénme yàng de yǐngxiǎng ne? Wǒmen lái kànkan tā shì zěnme shuō de.

常常有人问学汉语的外国学生："你为什么学习汉语？"他们的回答经常是："我想在中国做生意"，"我打算进中医学校"，还有
5 "我想在北京学习深造"。

如果有人问我这样的问题，我常常回答："你有空吗？如果你有空，就让我来慢慢告诉你我学习汉语的故事。"

10 我10岁的时候，父亲就对我说："你已经会说西班牙语了，你的英语也还可以，你必须再学习一种语言。"我父亲的朋友都说："学习法语或者德语吧。"可是我
15 想，在哥伦比亚会说法语和德语的人不少，我得选择一种在世界上有很多人说，但绝大部分哥伦比亚人又不会说的语言。挑来挑去，我选中了汉语。

中医 zhōngyī
traditional Chinese medical science

深造 shēnzào
to pursue advanced studies

西班牙语 Xībānyáyǔ
Spanish

绝 jué
extremely, most

Chángcháng yǒu rén wèn xué Hànyǔ de wàiguó xuésheng: "Nǐ wèi shénme xuéxí Hànyǔ?" Tāmen de huídá jīngcháng shì: "wǒ xiǎng zài Zhōngguó zuò shēngyi", "wǒ dǎsuàn jìn zhōngyī xuéxiào", hái yǒu "wǒ xiǎng zài Běijīng xuéxí shēnzào".

Rúguǒ yǒu rén wèn wǒ zhèyàng de wèntí, wǒ chángcháng huídá: "Nǐ yǒu kòng ma? Rúguǒ nǐ yǒu kòng, jiù ràng wǒ lái mànmàn gàosu nǐ wǒ xuéxí Hànyǔ de gùshi."

Wǒ shí suì de shíhou, fùqin jiù duì wǒ shuō: "Nǐ yǐjīng huì shuō Xībānyáyǔ le, nǐ de Yīngyǔ yě hái kěyǐ, nǐ bìxū zài xuéxí yì zhǒng yǔyán." Wǒ fùqin de péngyou dōu shuō: "Xuéxí Fǎyǔ huòzhě Déyǔ ba." Kěshì wǒ xiǎng, zài Gēlúnbǐyà huì shuō Fǎyǔ hé Déyǔ de rén bù shǎo, wǒ děi xuǎnzé yì zhǒng zài shìjiè shang yǒu hěn duō rén shuō, dàn jué dà bùfen Gēlúnbǐyàrén yòu bú huì shuō de yǔyán. Tiāo lái tiāo qù, wǒ xuǎnzhòngle Hànyǔ.

中国来信改变了我的生活

但是当我决定学汉语的时候，我对中国的历史、文化等一无所知，所以我只好四处搜集有关中国的信息。我打开电脑，上了许多关于中国和汉语的网站，发了许多电子邮件。可是好多天过去了，发出去的信都没有消息，这让我特别失望，学习汉语的热情一下子凉了不少。一个星期过去了，我渐渐忘了学习汉语的事，父母也没有再提醒我。

一个月后，我收到了一封从中国寄来的信。我连忙打开，发现信是一个中国姑娘写的。她用英文写道："你好！我和你还不认识，但我知道你打算学习汉语。有一件事我想告诉你，那就是汉语不仅是一种用嘴学习的语言，更是一种用心学习的语言。当然，我相信你会很

一无所知 yì wú suǒ zhī
to know nothing

搜集 sōují
to collect

信息 xìnxī
information

网站 wǎngzhàn
website

电子邮件 diànzǐ yóujiàn
e-mail

提醒 tíxǐng
to remind

Dànshì dāng wǒ juédìng xué Hànyǔ de shíhou, wǒ duì Zhōngguó de lìshǐ、wénhuà děng yì wú suǒ zhī, suǒyǐ wǒ zhǐhǎo sìchù sōují yǒuguān Zhōngguó de xìnxī. Wǒ dǎkāi diànnǎo, shàngle xǔduō guānyú Zhōngguó hé Hànyǔ de wǎngzhàn, fāle xǔduō diànzǐ yóujiàn. Kěshì hǎoduō tiān guòqu le, fā chuqu de xìn dōu méiyǒu xiāoxi, zhè ràng wǒ tèbié shīwàng, xuéxí Hànyǔ de rèqíng yíxiàzi liángle bù shǎo. Yí ge xīngqī guòqu le, wǒ jiànjiàn wàngle xuéxí Hànyǔ de shì, fùmǔ yě méiyou zài tíxǐng wǒ.

中国来信改变了我的生活

Yí ge yuè hòu, wǒ shōudàole yì fēng cóng Zhōngguó jìlai de xìn. Wǒ liánmáng dǎkāi, fāxiàn xìn shì yí ge Zhōngguó gūniang xiě de. Tā yòng Yīngwén xiě dào: "Nǐ hǎo! Wǒ hé nǐ hái bú rènshi, dàn wǒ zhīdao nǐ dǎsuàn xuéxí Hànyǔ. Yǒu yí jiàn shì wǒ xiǎng gàosu nǐ, nà jiù shì Hànyǔ bùjǐn shì yì zhǒng yòng zuǐ xuéxí de yǔyán, gèng shì yì zhǒng yòng xīn xuéxí de yǔyán. Dāngrán, wǒ xiāngxìn nǐ huì hěn nǔlì de xuéxí. Zài xìn de xiàmian, nǐ kěyǐ

努力地学习。在信的下面，你可以看到两个汉字：'哭'和'笑'。如果你能区别出哪个表示'难过'，哪个表示'愉快'，你就一定可以学好汉语。信的背面有这个问题的答案。"

我猜了一下儿，觉得表示"难过"意思的字应该是"哭"，因为它有眼睛和泪水。翻到信的背面一看，果然被我猜对了。这件事极大地激发了我对学习汉语的兴趣，从此学好汉语就成了我的目标。

从那时起，8年过去了，我已经来过中国两次。尽管我的汉语还不行，但我还是决定完成8年前的目标。8年前，我给这个中国姑娘写了一封回信，可是却始终没有再收到她的信。如果我能跟她见面，一定要当面谢谢她写给我的那

背面 bèimiàn
back (of sth.)

泪水 lèishuǐ
tear, tear-drops

激发 jīfā
to arouse

当面 dāng miàn
to sb.'s face, in sb.'s presence

kàndào liǎng ge Hànzì: 'kū' hé 'xiào'. Rúguǒ nǐ néng qūbié chū nǎge biǎoshì 'nánguò', nǎge biǎoshì 'yúkuài', nǐ jiù yídìng kěyǐ xuéhǎo Hànyǔ. Xìn de bèimiàn yǒu zhège wèntí de dá'àn."

Wǒ cāile yíxiàr, juéde biǎoshì "nánguò" yìsi de zì yīnggāi shì "kū", yīnwèi tā yǒu yǎnjing hé lèishuǐ. Fāndào xìn de bèimiàn yí kàn, guǒrán bèi wǒ cāiduì le. Zhè jiàn shì jí dà de jīfāle wǒ duì xuéxí Hànyǔ de xìngqù, cóngcǐ xuéhǎo Hànyǔ jiù chéngle wǒ de mùbiāo.

中国来信改变了我的生活

Cóng nàshí qǐ, bā nián guòqu le, wǒ yǐjīng láiguo Zhōngguó liǎng cì. Jǐnguǎn wǒ de Hànyǔ hái bù xíng, dàn wǒ háishi juédìng wánchéng bā nián qián de mùbiāo. Bā nián qián, wǒ gěi zhège Zhōngguó gūniang xiěle yì fēng huíxìn, kěshì què shǐzhōng méiyou zài shōudào tā de xìn. Rúguǒ wǒ néng gēn tā jiànmiàn, yídìng yào dāngmiàn xièxie tā xiě gěi wǒ de nà fēng xìn. Yīnwèi chúle qǐfā wǒ xuéxí Hànyǔ, tā yě ràng wǒ rènshile

封信。因为除了启发我学习汉语，她也让我认识了中国人、中国历史和中国文化。我希望，等我会说一口流利的汉语时，能和她成为好朋友，并且告诉她："谢谢你，是你的来信改变了我的生活。"

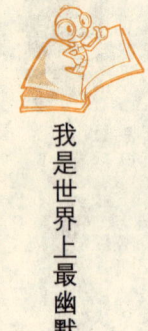

我是世界上最幽默的人

我来写两句

Zhōngguórén、Zhōngguó lìshǐ hé Zhōngguó wénhuà. Wǒ xīwàng, děng wǒ huì shuō yì kǒu liúlì de Hànyǔ shí, néng hé tā chéngwéi hǎo péngyou, bìngqiě gàosu tā: "Xièxie nǐ, shì nǐ de láixìn gǎibiànle wǒ de shēnghuó."

中国来信改变了我的生活

Wǒ Lái Xiě Liǎng Jù

Nǐ Kàndǒngle ma?
你看懂了吗?

(1) "我" 10岁的时候会说几种语言？
"Wǒ" shí suì de shíhou huì shuō jǐ zhǒng yǔyán?

(2) "我" 为什么选择学习汉语？
"Wǒ" wèi shénme xuǎnzé xuéxí Hànyǔ?

(3) 在那封中国来信上，有两个什么汉字？
Zài nà fēng Zhōngguó láixìn shang, yǒu liǎng ge shénme Hànzì?

(4) "我" 跟那位中国姑娘见过面吗？
"Wǒ" gēn nà wèi Zhōngguó gūniang jiànguo miàn ma?

我是世界上最幽默的人

我来写两句

_____
_____
_____
_____

Zhěntou Bú Shì Zhēntóu
枕头不是针头
> pillow   syringe needle, pinhead

[Měiguó] Gě Pèidí
[美国] 葛沛迪

Yuèdú Tíshì:
阅读提示：

美国同学葛沛迪为什么在冬天来到的时候去买"杯子"？你有没有和他差不多的有趣故事？

Měiguó tóngxué Gě Pèidí wèi shénme zài dōngtiān láidào de shíhou qù mǎi "bēizi"? Nǐ yǒu méiyǒu hé tā chàbuduō de yǒuqù gùshi?

67

汉语真是一种比较难学的语言。对外国人来说，经常会出现因发错音、用错字而被人误会的情况。我就因为没有掌握正确的汉语
5 发音而有过许多尴尬的经历。

记得有一年冬天刚到的时候，宿舍里很冷，我去商店买被子。我问售货员："你们这儿有杯子（被子）吗？"她说："当然有。"然后
10 就从柜台里拿出一个杯子说："这个行吗？"我一下子明白了，是自己的发音错了，但那个时候我却怎么也说不对。我只好一边说着"我要杯子（被子），不要杯子"，一
15 边做出瑟瑟发抖的样子。

还有一次，我觉得睡觉的枕头很硬，就想去商店买个软一点儿的。到了商店，我对售货员说："你好，我要买个针头（枕

发音 fā yīn
to pronounce;
pronunciation

尴尬 gāngà
awkward

售货员 shòuhuòyuán
shop assistant

柜台 guìtái
counter

瑟瑟 sèsè
trembling

Hànyǔ zhēn shì yì zhǒng bǐjiào nán xué de yǔyán. Duì wàiguórén lái shuō, jīngcháng huì chūxiàn yīn fācuò yīn、yòngcuò zì ér bèi rén wùhuì de qíngkuàng. Wǒ jiù yīnwèi méiyou zhǎngwò zhèngquè de Hànyǔ fāyīn ér yǒuguo xǔduō gāngà de jīnglì.

Jìde yǒu yì nián dōngtiān gāng dào de shíhou, sùshè li hěn lěng, wǒ qù shāngdiàn mǎi bèizi. Wǒ wèn shòuhuòyuán: "Nǐmen zhèr yǒu bēizi (bèizi) ma?" Tā shuō: "Dāngrán yǒu." Ránhòu jiù cóng guìtái li náchū yí ge bēizi shuō: "Zhège xíng ma?" Wǒ yíxiàzi míngbai le, shì zìjǐ de fāyīn cuò le, dàn nàge shíhou wǒ què zěnme yě shuō bu duì. Wǒ zhǐhǎo yìbiān shuōzhe "wǒ yào bēizi (bèizi), bú yào bēizi", yìbiān zuòchū sèsè fādǒu de yàngzi.

Hái yǒu yí cì, wǒ juéde shuìjiào de zhěntou hěn yìng, jiù xiǎng qù shāngdiàn mǎi ge ruǎn

枕头不是针头

20 头）。"她说："对不起，我们商店不卖针头。"这可把我弄糊涂了，我明明看见货架上放着一堆枕头，她怎么说没有呢？于是我慢慢地重复说："我要买一个针头（枕
25 头）。"她也慢慢地回答："我们这儿没有针头。"我一看自己说不明白，就连忙指着她的身后说："那是什么？"她回头看了一眼，笑了："哦，那是枕头，不是针头。"
30 　　我遇到的最尴尬的事情是理发。有一天，我去理发店理发。我告诉理发师说："我要剪半寸。"理发师说："没问题。"他让我坐下，开始理发。他给我理发的时候，我
35 睡着了。睡着睡着，有人在我肩上轻轻拍了一下，我睁开眼睛一看，原来是理发师。他说："好了，照照镜子吧。"我一看镜子，吓了一

明明 míngmíng
obviously

货架 huòjià
store rack

yìdiǎnr de. Dàole shāngdiàn, wǒ duì shòuhuòyuán shuō: "Nǐ hǎo, wǒ yào mǎi ge zhēntóu (zhěntou)." Tā shuō: "Duìbuqǐ, wǒmen shāngdiàn bú mài zhēntóu." Zhè kě bǎ wǒ nòng hútu le, wǒ míngmíng kànjian huòjià shang fàngzhe yì duī zhěntou, tā zěnme shuō méiyǒu ne? Yúshì wǒ mànmàn de chóngfù shuō: "Wǒ yào mǎi yí ge zhēntóu (zhěntou)." Tā yě mànmàn de huídá: "Wǒmen zhèr méiyǒu zhēntóu." Wǒ yí kàn zìjǐ shuō bu míngbai, jiù liánmáng zhǐzhe tā de shēn hòu shuō: "Nà shì shénme?" Tā huítóu kànle yì yǎn, xiào le: "Ò, nà shì zhěntou, bú shì zhēntóu."

　　Wǒ yùdào de zuì gāngà de shìqing shì lǐfà. Yǒu yì tiān, wǒ qù lǐfàdiàn lǐfà. Wǒ gàosu lǐfàshī shuō: "Wǒ yào jiǎn bàn cùn." Lǐfàshī shuō: "Méi wèntí." Tā ràng wǒ zuòxia, kāishǐ lǐfà. Tā gěi wǒ lǐfà de shíhou, wǒ shuìzháo le. Shuìzhe shuìzhe, yǒu rén zài wǒ jiān shang qīngqīng pāile yíxià, wǒ zhēngkāi yǎnjing yí kàn, yuánlái shì lǐfàshī. Tā shuō: "Hǎo le, zhàozhao

枕头不是针头

40 跳。我想让他剪掉半寸，可是理发师却给我剪了个"板寸"，头发只有半寸长！

板寸 bǎncùn
a style of haircut

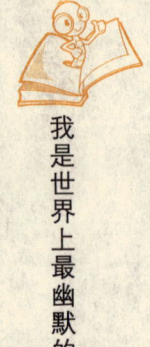
我是世界上最幽默的人

我来写两句

jìngzi ba." Wǒ yí kàn jìngzi, xiàle yí tiào. Wǒ xiǎng ràng tā jiǎndiào bàn cùn, kěshì lǐfàshī què gěi wǒ jiǎnle ge "bǎncùn", tóufa zhǐ yǒu bàn cùn cháng!

枕头不是针头

Wǒ Lái Xiě Liǎng Jù

Nǐ kàndǒngle ma? 你看懂了吗?

(1) "我"去买被子的时候,售货员给我拿出一个什么东西来?为什么?
"Wǒ" qù mǎi bèizi de shíhou, shòuhuòyuán gěi wǒ náchū yí ge shénme dōngxi lái? Wèi shénme?

(2) "我"去买枕头的时候,开始售货员为什么不卖给我?
"Wǒ" qù mǎi zhěntou de shíhou, kāishǐ shòuhuòyuán wèi shénme bú mài gěi wǒ?

(3) 理完发以后一照镜子,"我"为什么吓了一跳?
Lǐwán fà yǐhòu yí zhào jìngzi, "wǒ" wèi shénme xiàle yí tiào?

我是世界上最幽默的人

我来写两句

time: 8 mins
words: 820

9

Zěnme Chēnghu Tāmen
怎么称呼他们

> to call, to address; term of address

Nà Sī
娜 斯

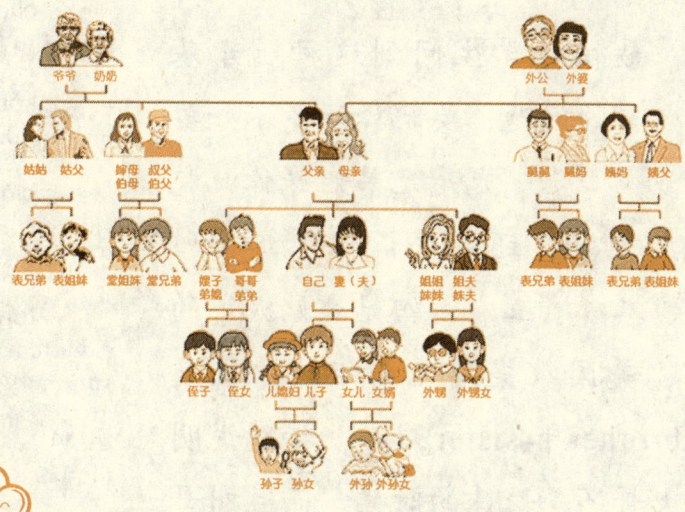

Yuèdú Tíshì:
阅读提示：

> gū, father's sister
> lǎolao, maternal grandmother

你知道"四姑姥姥"是你的什么人吗？被别人叫"老师"的真的都是老师吗？我们来看看作者是怎么说的吧。

Nǐ zhīdao "sì gūlǎolao" shì nǐ de shénme rén ma? Bèi biéren jiào "lǎoshī" de zhēn de dōu shì lǎoshī ma? Wǒmen lái kànkan zuòzhě shì zěnme shuō de ba.

75

我在美国曾经教过美国人中文课。讲到哥哥、弟弟、姐姐、妹妹、爷爷、奶奶、外公、外婆时，一个学生举手问："为什么哥哥和弟弟、奶奶和外婆一定要分这么清楚呢？"

最怕被学生问到这种属于基本常识的问题，要解释清楚不知要费多少口舌。光是兄弟姐妹你就觉得麻烦了，还没告诉你表哥、堂姐、二姨、三叔、四姑姥姥呢！的确，美国人提到兄弟姐妹，就是说brother和sister，除非特别说明是大哥还是妹妹的时候。而且叫哥哥、姐姐也都可以直接叫名字。至于爸爸的妈妈还是妈妈的妈妈，一律都说grandma，叫堂兄妹、表兄妹都只一个cousin，让他们记奶奶、姥姥、表哥、堂姐，真是难为

外公	wàigōng maternal grandfather
外婆	wàipó maternal grandmother
常识	chángshí common knowledge
口舌	kǒushé quarrel, dispute
表哥	biǎogē elder male cousin of different surname
堂姐	tángjiě elder female cousin of same surname
姨	yí mother's sister
叔	shū father's younger brother
除非	chúfēi only if
一律	yílǜ without exception
难为	nánwei to make things difficult for sb.

Wǒ zài Měiguó céngjīng jiāoguo Měiguórén Zhōngwénkè. Jiǎngdào gēge、dìdi、jiějie、mèimei、yéye、nǎinai、wàigōng、wàipó shí, yí ge xuésheng jǔ shǒu wèn: "Wèi shénme gēge hé dìdi、nǎinai hé wàipó yídìng yào fēn zhème qīngchu ne?"

Zuì pà bèi xuésheng wèndào zhè zhǒng shǔyú jīběn chángshí de wèntí, yào jiěshì qīngchu bù zhī yào fèi duōshao kǒushé. Guāng shì xiōngdì jiěmèi nǐ jiù juéde máfan le, hái méi gàosu nǐ biǎogē、tángjiě、èr yí、sān shū、sì gūlǎolao ne! Díquè, Měiguórén tídào xiōngdì jiěmèi, jiù shì shuō brother hé sister, chúfēi tèbié shuōmíng shì dàgē háishi mèimei de shíhou. Érqiě jiào gēge、jiějie yě dōu kěyǐ zhíjiē jiào míngzi. Zhìyú bàba de māma háishi māma de māma, yílǜ dōu shuō grandma, jiào tángxiōngmèi、biǎoxiōngmèi dōu zhǐ yí ge cousin, ràng tāmen jì nǎinai、lǎolao、biǎogē、tángjiě, zhēn shì nánwei tāmen le.

怎么称呼他们

20 他们了。

　　还有的美国人搞不清楚，为什么在中国那么多人都是"老师"。美国人认为，只有在学校里给人上课的人才是"老师"。如果一个
25 人的职业是教授，就叫他"某某教授"，一般不叫他"老师"。关系远一点儿的叫他"某某先生"、"某某小姐"、"某某女士"等；关系近一点儿的就都是直接叫他的
30 名字。比如斯蒂夫·斯皮尔伯格（Steven Spiellberg），人们或者叫他斯蒂夫，或者叫他斯皮尔伯格先生，没有人叫他"老师"。而在中国，好像只要是资历老点儿的都可
35 以叫"老师"。

　　也许中国人的称呼里包含着中国文化的人情味，不过有些东西没有办法翻译，直接翻译过来就会

资历 zīlì
seniority

包含 bāohán
to contain

人情味 rénqíngwèi
empathy, normal human feelings

Hái yǒude Měiguórén gǎo bu qīngchu, wèi shénme zài Zhōngguó nàme duō rén dōu shì "lǎoshī". Měiguórén rènwéi, zhǐyǒu zài xuéxiào li gěi rén shàngkè de rén cái shì "lǎoshī". Rúguǒ yí ge rén de zhíyè shì jiàoshòu, jiù jiào tā "mǒumǒu jiàoshòu", yìbān bú jiào tā "lǎoshī". Guānxi yuǎn yìdiǎnr de jiào tā "mǒumǒu xiānsheng"、"mǒumǒu xiǎojie"、"mǒumǒu nǚshì" děng; guānxi jìn yìdiǎnr de jiù dōu shì zhíjiē jiào tā de míngzi. Bǐrú Sīdìfū Sīpí'ěrbógé, rénmen huòzhě jiào tā Sīdìfū, huòzhě jiào tā Sīpí'ěrbógé xiānsheng, méiyǒu rén jiào tā "lǎoshī". Ér zài Zhōngguó, hǎoxiàng zhǐyào shì zīlì lǎo diǎnr de dōu kěyǐ jiào "lǎoshī".

怎么称呼他们

Yěxǔ Zhōngguórén de chēnghu li bāohánzhe Zhōngguó wénhuà de rénqíngwèi, búguò yǒuxiē dōngxi méiyǒu bànfǎ fānyì, zhíjiē fānyì guòlai jiù huì nào xiàohua. Bǐrú yǒu yí cì, Zhōngwén diànshì li de bōyīnyuán zhèngzài tán měiyuán huìlǜ wèntí. Tán huìlǜ wèntí dāngrán bù néng bù tí Gélínsīpān

闹笑话。比如有一次，中文电视里的播音员正在谈美元汇率问题。谈汇率问题当然不能不提格林斯潘（Alan Greenspan）的名字，可是播音员不说格林斯潘先生，而是说"格老"。"格老"是谁？美国人就不懂了。播音员当然是因为对格林斯潘年龄、地位的尊敬才叫他"格老"的，可是如果直接翻译成英文，可能连格林斯潘先生本人也不爱听——我老还是不老，都不会影响美元的汇率吧？

文化的差异必然会反映到语言当中。要学好一个国家的语言，就要了解那个国家的文化。所以我给那些分不清"奶奶"、"姥姥"的学生的建议就是：用中文列一个家庭系列表，贴在床头死记硬背。除此之外，真的没有别的办法了。

闹笑话	nào xiàohua — to make a fool of oneself
播音员	bōyīnyuán — announcer
汇率	huìlǜ — exchange rate
而是	ér shì — but
差异	chāyì — difference
系列	xìliè — series, set
床头	chuángtóu — the head of a bed
死记硬背	sǐ jì yìng bèi — to learn by rote

de míngzi, kěshì bōyīnyuán bù shuō Gélínsīpān xiānsheng, ér shì shuō "Gé lǎo". "Gé lǎo" shì shéi? Měiguórén jiù bù dǒng le. Bōyīnyuán dāngrán shì yīnwèi duì Gélínsīpān niánlíng、dìwèi de zūnjìng cái jiào tā "Gé lǎo" de, kěshì rúguǒ zhíjiē fānyì chéng Yīngwén, kěnéng lián Gélínsīpān xiānsheng běnrén yě bú ài tīng —— Wǒ lǎo háishi bù lǎo, dōu bú huì yǐngxiǎng měiyuán de huìlǜ ba?

Wénhuà de chāyì bìrán huì fǎnyìng dào yǔyán dāngzhōng. Yào xuéhǎo yí ge guójiā de yǔyán, jiù yào liǎojiě nàge guójiā de wénhuà. Suǒyǐ wǒ gěi nàxiē fēn bu qīng "nǎinai"、"lǎolao" de xuésheng de jiànyì jiù shì: Yòng Zhōngwén liè yí ge jiātíng xìliè biǎo, tiē zài chuángtóu sǐ jì yìng bèi. Chú cǐ zhī wài, zhēn de méiyǒu bié de bànfǎ le.

怎么称呼他们

Nǐ Kàndǒngle ma?
你看懂了吗？

(1) 在美国，对关系比较远的人怎么称呼？对关系比较近的人怎么称呼？
Zài Měiguó, duì guānxi bǐjiào yuǎn de rén zěnme chēnghu? Duì guānxi bǐjiào jìn de rén zěnme chēnghu?

(2) 在中国和美国，谁可以被叫做"老师"呢？
Zài Zhōngguó hé Měiguó, shéi kěyǐ bèi jiàozuò "lǎoshī" ne?

(3) 为什么有些中国人对别人的称呼没法翻译？
Wèi shénme yǒuxiē Zhōngguórén duì biérén de chēnghu méi fǎ fānyì?

(4) 关于中国人对家里人的称呼，"我"给外国学生的建议是什么？
Guānyú Zhōngguórén duì jiālǐrén de chēnghu, "wǒ" gěi wàiguó xuésheng de jiànyì shì shénme?

我是世界上最幽默的人

我来写两句

time: 8 mins
words: 806

10

Shéi Shì "Lǎowài"
谁是"老外"

Yuèdú Tíshì:
阅读提示：

作者生活在国外，可是也常常会用汉语跟人交流。不过，他可不是只跟中国人说汉语。这里有什么有意思的故事呢？

Zuòzhě shēnghuó zài guówài, kěshì yě chángcháng huì yòng Hànyǔ gēn rén jiāoliú. Búguò, tā kě bú shì zhǐ gēn Zhōngguórén shuō Hànyǔ. Zhèli yǒu shénme yǒu yìsi de gùshi ne?

最近，我朋友总是对我说："在国外不要乱说汉语。"我问："为什么？"他说他已经碰到过好几次外国人懂中文的事了。

5　　有一次，他和一个湖南朋友在德国的一家麦当劳餐厅吃东西聊天，他们俩正说着湖南人的话题，这时候旁边有个德国姑娘插了一句话："我知道湖南人，我看过一本讲湖南人的书。"我朋友当时愣了
10　好几秒钟。从此以后，他就不在外边说中文了，哈哈！

　　还有一次在法兰克福的地铁上，他的对面坐了个高个儿的德国小伙子。他跟同伴随口说了一句：
15　"那家伙腿可真长啊……"没想到那个德国小伙子居然问他："你有多高？"吓了他一跳。后来他们还用中文聊了会儿天。那个高个儿小

湖南	Húnán Hunan Province
德国	Déguó Germany
麦当劳	Màidāngláo McDonald's
聊天	liáo tiān to chat
话题	huàtí topic
愣	lèng to be dazed
法兰克福	Fǎlánkèfú Frankfurt
地铁	dìtiě subway
个儿	gèr size, height
同伴	tóngbàn companion
随口	suíkǒu bluntly, without much thinking
家伙	jiāhuo guy
居然	jūrán unexpectedly

我是世界上最幽默的人

Zuìjìn, wǒ péngyou zǒngshì duì wǒ shuō: "Zài guówài búyào luàn shuō Hànyǔ." Wǒ wèn: "Wèi shénme?" Tā shuō tā yǐjīng pèngdàoguo hǎojǐ cì wàiguórén dǒng Zhōngwén de shì le.

Yǒu yí cì, tā hé yí ge Húnán péngyou zài Déguó de yì jiā Màidāngláo cāntīng chī dōngxi liáotiān, tāmen liǎ zhèng shuōzhe Húnánrén de huàtí, zhè shíhou pángbiān yǒu ge Déguó gūniang chāle yí jù huà: "Wǒ zhīdao Húnánrén, wǒ kànguo yì běn jiǎng Húnánrén de shū." Wǒ péngyou dāngshí lèngle hǎojǐ miǎozhōng. Cóngcǐ yǐhòu, tā jiù bú zài wàibian shuō Zhōngwén le, hāhā!

Hái yǒu yí cì zài Fǎlánkèfú de dìtiě shang, tā de duìmiàn zuòle ge gāogèr de Déguó xiǎohuǒzi. Tā gēn tóngbàn suíkǒu shuōle yí jù: "Nà jiāhuo tuǐ kě zhēn cháng a……" Méi xiǎngdào nàge Déguó xiǎohuǒzi jūrán wèn tā: "Nǐ yǒu duō gāo?" Xiàle tā yí tiào. Hòulái tāmen hái yòng Zhōngwén liáole huìr tiān. Nàge gāogèr xiǎohuǒzi shuō:

谁是「老外」

20　伙子说：“你们中国人天不怕，地不怕，就怕外国人说中国话，哈哈……"最后告别的时候，那个小伙子居然还用上海话说了一句"再会"。

25　　后来，这样的情况我也遇见过好几次。有一次我和爸爸在法国坐电梯，电梯里除了我们俩还有四个法国人。我跟爸爸说了句："老外真高啊！"没想到有个法国人对
30　我说，在法国我才是"老外"。现在想起来当时真是好笑。还是在法国，有一次我在超市里找面包，嘴里不停地说着"面包，面包"。旁边一个法国人用中文告诉我："面
35　包在那边。"我也用中文说了句："谢谢。"

　　还有一次，我和两个朋友在一家烧烤餐馆吃饭，服务员的头发有

天不怕，地不怕 tiān bú pà, dì bú pà
to fear nothing on earth

再会 zàihuì
goodbye

法国 Fǎguó
France

好笑 hǎoxiào
funny

超市 chāoshì
supermarket

烧烤 shāokǎo
to barbecue

餐馆 cānguǎn
restaurant

"Nǐmen Zhōngguórén tiān bú pà, dì bú pà, jiù pà wàiguórén shuō zhōngguóhuà, hāhā……" Zuìhòu gàobié de shíhou, nàge xiǎohuǒzi jūrán hái yòng Shànghǎihuà shuōle yí jù "zàihuì".

Hòulái, zhèyàng de qíngkuàng wǒ yě yùjianguo hǎojǐ cì. Yǒu yí cì wǒ hé bàba zài Fǎguó zuò diàntī, diàntī li chúle wǒmen liǎ hái yǒu sì ge Fǎguórén. Wǒ gēn bàba shuōle jù: "Lǎowài zhēn gāo a!" Méi xiǎngdào yǒu ge Fǎguórén duì wǒ shuō, zài Fǎguó wǒ cái shì "lǎowài". Xiànzài xiǎng qilai dāngshí zhēn shì hǎoxiào. Hái shì zài Fǎguó, yǒu yí cì wǒ zài chāoshì li zhǎo miànbāo, zuǐ li bù tíng de shuōzhe "miànbāo, miànbāo". Pángbiān yí ge Fǎguórén yòng Zhōngwén gàosu wǒ: "Miànbāo zài nàbiān." Wǒ yě yòng Zhōngwén shuōle jù: "Xièxie."

Hái yǒu yí cì, wǒ hé liǎng ge péngyou zài yì jiā shāokǎo cānguǎn chī fàn, fúwùyuán de tóufa yǒudiǎnr qíguài. Tā gěi wǒmen shàng cài de shíhou, wǒ hé péngyou yòng Zhōngwén yìlùnle

谁是"老外"

点儿奇怪。他给我们上菜的时候，我和朋友用中文议论了半天他的头发。后来我们的炉子灭了，叫他给点火。他给我们点完火以后，用标准的中文说："小心火，慢慢吃。"当时我们三个人都愣住了，好像没听懂一样。他又用英语说了一遍，真是丢死人了！

还有一次是上统计课，老师教limit，下边一个同学估计是没听清楚，用中文问了一句："什么？"法国老师说："极限。"我没明白，就问旁边的人："'极限'是什么意思？怎么拼？"旁边的同学大声对我说道："中国话你也听不懂了？'Limit'，'极限'啊！"我恍然大悟，从此再也不敢在这个法国老师的课上胡说八道了。

现在，懂中文的老外真是越来越多了！

炉子 lúzi
stove

点火 diǎn huǒ
to light a fire

丢人 diū rén
to lose face, to be disgraced

统计 tǒngjì
statistics

极限 jíxiàn
limit

拼 pīn
to spell

恍然大悟 huǎngrán dà wù
to suddenly realize what has happened

胡说八道 hú shuō bā dào
to talk nonsense

bàntiān tā de tóufa. Hòulái wǒmen de lúzi miè le, jiào tā gěi diǎnhuǒ. Tā gěi wǒmen diǎnwán huǒ yǐhòu, yòng biāozhǔn de Zhōngwén shuō: "Xiǎoxīn huǒ, mànmàn chī." Dāngshí wǒmen sān ge rén dōu lèngzhù le, hǎoxiàng méi tīngdǒng yíyàng. Tā yòu yòng Yīngyǔ shuōle yí biàn, zhēn shì diūsǐ rén le!

Hái yǒu yí cì shì shàng tǒngjìkè, lǎoshī jiāo limit, xiàbian yí ge tóngxué gūjì shì méi tīng qīngchu, yòng Zhōngwén wènle yí jù: "Shénme?" Fǎguó lǎoshī shuō: "Jíxiàn." Wǒ méi míngbai, jiù wèn pángbiān de rén: "'Jíxiàn' shì shénme yìsi? Zěnme pīn?" Pángbiān de tóngxué dàshēng duì wǒ shuō dào: "Zhōngguóhuà nǐ yě tīng bu dǒng le? 'Limit', 'jíxiàn' a!" Wǒ huǎngrán dà wù, cóngcǐ zài yě bù gǎn zài zhège Fǎguó lǎoshī de kè shang hú shuō bā dào le.

Xiànzài, dǒng Zhōngwén de lǎowài zhēn shì yuè lái yuè duō le!

谁是「老外」

Nǐ Kàndǒngle ma?
你看懂了吗？

(1) 朋友在地铁上遇到的那个德国小伙子中文怎么样？
Péngyou zài dìtiě shang yùdào de nàge Déguó xiǎohuǒzi Zhōngwén zěnmeyàng？

(2) 为什么"我"在电梯里遇到的老外说"我"是"老外"？
Wèi shénme "wǒ" zài diàntī li yùdào de lǎowài shuō "wǒ" shì "lǎowài"？

(3) 在烧烤餐馆吃饭那次，"我"为什么觉得很丢人？
Zài shāokǎo cānguǎn chī fàn nà cì，"wǒ" wèi shénme juéde hěn diūrén？

(4) 为什么从那次以后，"我"在那个法国老师的课上不敢再胡说八道了？
Wèi shénme cóng nà cì yǐhòu，"wǒ" zài nàge Fǎguó lǎoshī de kè shang bù gǎn zài hú shuō bā dào le？

我是世界上最幽默的人

我来写两句

Wǒ Shì Shìjiè Shang Zuì Yōumò de Rén
我是世界上最幽默的人

humorous

Yáng Héyáng
杨 河洋

Yuèdú Tíshì:
阅读提示：

Déguó, Germany

杨河洋先生是个爱写文章的人，在德国他也有机会满足自己的这个爱好，并且得到了一个意外惊喜。我们来看看是个什么惊喜吧。

jīngxǐ, a pleasant surprise

Yáng Héyáng xiānsheng shì ge ài xiě wénzhāng de rén, zài Déguó tā yě yǒu jīhui mǎnzú zìjǐ de zhège àihào, bìngqiě dédàole yí ge yìwài jīngxǐ. Wǒmen lái kànkan shì ge shénme jīngxǐ ba.

2000年德国汉诺威世界博览会期间，我去德国北部的基尔看望我的妹妹，她在那里的一所大学当老师。

5 　　基尔是一个非常美丽的城市，妹妹家的环境也很好，她留我多住些日子，我也就答应了。我在基尔住了两个月。后来，因为一件小事，我几乎成了那里的名人，走在
10 街上会有很多人和我打招呼。

　　事情是这样的，为了给汉诺威世界博览会助兴，妹妹工作的那所大学搞了一个"自然与人"有奖征文活动，前三名可以获得免费旅
15 游的奖励。妹妹问我有没有兴趣参加，我问她："外国人也可以参加吗？"她说："没说不行就是行！你写吧。"

　　我以前在中国经常参加这样

汉诺威 Hànnuòwēi
Hannover

世界博览会 Shìjiè Bólǎnhuì
World Expo

基尔 Jī'ěr
Kiel

名人 míngrén
famous personage

打招呼 dǎ zhāohu
to greet sb., to say hello

助兴 zhù xìng
to liven things up, to add to the fun

征文 zhēngwén
to solicit articles or essays

免费 miǎn fèi
to be free of charge

旅游 lǚyóu
to travel, to tour

奖励 jiǎnglì
to award

Èr líng líng nián Déguó Hànnuòwēi Shìjiè Bólǎnhuì qījiān, wǒ qù Déguó běibù de Jī'ěr kànwàng wǒ de mèimei, tā zài nàli de yì suǒ dàxué dāng lǎoshī.

Jī'ěr shì yí ge fēicháng měilì de chéngshì, mèimei jiā de huánjìng yě hěn hǎo, tā liú wǒ duō zhù xiē rìzi, wǒ yě jiù dāying le. Wǒ zài Jī'ěr zhùle liǎng ge yuè. Hòulái, yīnwèi yí jiàn xiǎo shì, wǒ jīhū chéngle nàli de míngrén, zǒu zài jiēshang huì yǒu hěn duō rén hé wǒ dǎ zhāohu.

Shìqing shì zhèyàng de, wèile gěi Hànnuòwēi Shìjiè Bólǎnhuì zhùxìng, mèimei gōngzuò de nà suǒ dàxué gǎole yí ge "Zìrán yǔ Rén" yǒu jiǎng zhēngwén huódòng, qián sān míng kěyǐ huòdé miǎnfèi lǚyóu de jiǎnglì. Mèimei wèn wǒ yǒu méiyǒu xìngqù cānjiā, wǒ wèn tā: "Wàiguórén yě kěyǐ cānjiā ma?" Tā shuō: "Méi shuō bù xíng jiù shì xíng！Nǐ xiě ba."

Wǒ yǐqián zài Zhōngguó jīngcháng cānjiā

我是世界上最幽默的人

的活动，而且总是获奖，所以我有这个自信。我很认真地写了一篇文章，妹妹帮我翻译成德文，交到了征文部。

过了一段时间，通知来了。让所有参加比赛的人去学校参加颁奖大会，获奖名单要在大会上现场宣布。可是我妹妹那天有重要的事情要去汉诺威，所以她只能把我送到学校就离开。我一句德语也不懂，英语也不行，怎么能参加活动呢？妹妹对我说："没关系，到时候主持人会宣布名单，你仔细听，只要听到你的名字——杨河洋，你就上去领奖。外国人叫中国人的名字和我们的发音是一样的，所以你不用担心。"

那天，妹妹把我送到大学，告诉我午饭到哪儿吃，下午怎么来接

获奖 huò jiǎng
to win a prize

自信 zìxìn
to be self-confident

颁奖 bān jiǎng
to award a prize

名单 míngdān
name list

现场 xiànchǎng
site, spot

主持人 zhǔchírén
host, hostess

领奖 lǐng jiǎng
to receive an award

发音 fā yīn
to pronounce; pronunciation

zhèyàng de huódòng, érqiě zǒngshì huòjiǎng, suǒyǐ wǒ yǒu zhège zìxìn. Wǒ hěn rènzhēn de xiěle yì piān wénzhāng, mèimei bāng wǒ fānyì chéng Déwén, jiāodàole zhēngwénbù.

Guòle yí duàn shíjiān, tōngzhī lái le. Ràng suǒyǒu cānjiā bǐsài de rén qù xuéxiào cānjiā bānjiǎng dàhuì, huòjiǎng míngdān yào zài dàhuì shang xiànchǎng xuānbù. Kěshì wǒ mèimei nà tiān yǒu zhòngyào de shìqing yào qù Hànnuòwēi, suǒyǐ tā zhǐ néng bǎ wǒ sòngdào xuéxiào jiù líkāi. Wǒ yí jù Déyǔ yě bù dǒng, Yīngyǔ yě bù xíng, zěnme néng cānjiā huódòng ne? Mèimei duì wǒ shuō: "Méi guānxi, dào shíhou zhǔchírén huì xuānbù míngdān, nǐ zǐxì tīng, zhǐyào tīngdào nǐ de míngzi ——Yáng Héyáng, nǐ jiù shàngqu lǐngjiǎng. Wàiguórén jiào Zhōngguórén de míngzi hé wǒmen de fāyīn shì yíyàng de, suǒyǐ nǐ búyòng dānxīn."

Nà tiān, mèimei bǎ wǒ sòngdào dàxué, gàosu wǒ wǔfàn dào nǎr chī, xiàwǔ zěnme lái jiē

我是世界上最幽默的人

我，然后就走了。我看时间还早，就一个人在学校里散步。我喜欢锻炼身体，来到一个健身房，看见里面设备齐全，就脱去外衣在里面锻炼了起来。

我回到颁奖大会的礼堂时，人已经渐渐多了，有本校的学生，也有本市的居民，大概有好几百人。

大会终于开始了，人们安静下来。一个男主持人上台，站在麦克风前，向台下看了看，从口袋里拿出一个红本子，向空中举了举，然后拿出一张纸念了起来。他肯定是在宣布获奖名单，我可要听好了！一大串的德文之后，他很费力地念出三个字："杨——河——洋！"

啊！我获奖了！我高兴得几乎跳了起来。我迅速站起来，像奥斯卡获奖演员那样，先向观众挥挥

健身房 jiànshēnfáng
gym

齐全 qíquán
complete

居民 jūmín
resident

麦克风 màikèfēng
microphone

串 chuàn
string, cluster, bunch

费力 fèi lì
to require or need great effort

奥斯卡 Àosīkǎ
Oscar

wǒ, ránhòu jiù zǒu le. Wǒ kàn shíjiān hái zǎo, jiù yí ge rén zài xuéxiào li sànbù. Wǒ xǐhuan duànliàn shēntǐ, láidào yí ge jiànshēnfáng, kànjian lǐmian shèbèi qíquán, jiù tuōqù wàiyī zài lǐmian duànliànle qilai.

Wǒ huídào bānjiǎng dàhuì de lǐtáng shí, rén yǐjīng jiànjiàn duō le, yǒu běn xiào de xuésheng, yě yǒu běn shì de jūmín, dàgài yǒu hǎojǐ bǎi rén.

Dàhuì zhōngyú kāishǐ le, rénmen ānjìng xialai. Yí ge nán zhǔchírén shàngtái, zhàn zài màikèfēng qián, xiàng tái xià kànle kàn, cóng kǒudai li náchū yí ge hóng běnzi, xiàng kōngzhōng jǔle jǔ, ránhòu náchū yì zhāng zhǐ niànle qilai. Tā kěndìng shì zài xuānbù huòjiǎng míngdān, wǒ kě yào tīnghǎo le! Yí dà chuàn de Déwén zhīhòu, tā hěn fèilì de niànchū sān ge zì: "Yáng——Hé——yáng!"

Ā! Wǒ huòjiǎng le! Wǒ gāoxìng de jīhū tiàole qilai. Wǒ xùnsù zhàn qilai, xiàng Àosīkǎ huòjiǎng yǎnyuán nàyàng, xiān xiàng guānzhòng huīhui

我是世界上最幽默的人

手，然后走上颁奖台。我来到主持人面前，和他握了握手，见他用眼睛看着我不说话，就指了指自己，用中文说："我，杨——河——洋！"

主持人似乎明白了过来，微笑着点点头，把那个红本子交到我的手上。我来不及仔细看，就把本子捧在胸前，等待着主持人来给我发奖杯。我早就看到颁奖台的桌子上放着三个由小到大的奖杯，我不知道德国人颁奖是先发一等奖还是先发三等奖，反正那三个奖杯里肯定有一个是我的。

奇怪的是，那个主持人跟我握完手后，只是站在那里冲我笑。我心想：德国人的效率怎么这么低呀？赶紧发奖杯呀！这时台下的人开始鼓起掌来，我又向大家挥了挥

奖杯 jiǎngbēi
cup (as a prize), trophy

shǒu, ránhòu zǒushang bānjiǎng tái. Wǒ láidào zhǔchírén miànqián, hé tā wòle wò shǒu, jiàn tā yòng yǎnjing kànzhe wǒ bù shuō huà, jiù zhǐle zhǐ zìjǐ, yòng Zhōngwén shuō: "Wǒ, Yáng——Hé——yáng!"

Zhǔchírén sìhū míngbaile guòlai, wēixiàozhe diǎndian tóu, bǎ nàge hóng běnzi jiāodào wǒ de shǒushang. Wǒ láibují zǐxì kàn, jiù bǎ běnzi pěng zài xiōngqián, děngdàizhe zhǔchírén lái gěi wǒ fā jiǎngbēi. Wǒ zǎo jiù kàndào bānjiǎngtái de zhuōzi shang fàngzhe sān ge yóu xiǎo dào dà de jiǎngbēi, wǒ bù zhīdào Déguórén bānjiǎng shì xiān fā yīděngjiǎng háishi xiān fā sānděngjiǎng, fǎnzhèng nà sān ge jiǎngbēi li kěndìng yǒu yí ge shì wǒ de.

Qíguài de shì, nàge zhǔchírén gēn wǒ wòwán shǒu hòu, zhǐshì zhàn zài nàli chòng wǒ xiào. Wǒ xīn xiǎng: Déguórén de xiàolǜ zěnme zhème dī ya? Gǎnjǐn fā jiǎngbēi ya! Zhèshí tái xià de rén kāishǐ gǔqi zhǎng lái, wǒ yòu xiàng dàjiā huīle huī shǒu. Wǒ xiǎng, kěnéng shì yào bǎ qítā liǎng wèi huòjiǎngzhě

我是世界上最幽默的人

手。我想，可能是要把其他两位获奖者叫到台上来一起发奖杯吧。可是那个主持人再也不说话了，只是冲着我笑，下面的人开始站起来鼓掌，还有人吹起了口哨。难道是要我自己去拿奖杯吗？这时人们的掌声和欢呼声已经越来越响了。

又等了一会儿，主持人还是没动静，干脆我自己拿一个奖杯下去算了！我走到奖杯前，很谦虚地用手指了指最小的那个奖杯，看看主持人，他笑着摇了摇头。我又指了指中间的那个奖杯，他还是摇了摇头。看来我得的是一等奖了！我一把将那个最大的奖杯高高地举起来，感觉自己像是个得了世界冠军的运动员，全体观众站起来为我欢呼。

我正准备拿着奖杯下台时，

口哨 kǒushào
whistle

欢呼 huānhū
to cheer

动静 dòngjing
sound of action

谦虚 qiānxū
modest, self-effacing

jiàodào tái shang lái yìqǐ fā jiǎngbēi ba. Kěshì nàge zhǔchírén zài yě bù shuō huà le, zhǐshì chòngzhe wǒ xiào, xiàmian de rén kāishǐ zhàn qilai gǔzhǎng, hái yǒu rén chuīqile kǒushào. Nándào shì yào wǒ zìjǐ qù ná jiǎngbēi ma? Zhèshí rénmen de zhǎngshēng hé huānhūshēng yǐjīng yuè lái yuè xiǎng le .

Yòu děngle yíhuìr, zhǔchírén háishi méi dòngjing, gāncuì wǒ zìjǐ ná yí ge jiǎngbēi xiàqu suàn le! Wǒ zǒudào jiǎngbēi qián, hěn qiānxū de yòng shǒu zhǐle zhǐ zuì xiǎo de nàge jiǎngbēi, kànkan zhǔchírén, tā xiàozhe yáole yáo tóu. Wǒ yòu zhǐle zhǐ zhōngjiān de nàge jiǎngbēi, tā háishi yáole yáo tóu. Kànlái wǒ dé de shì yīděngjiǎng le. Wǒ yì bǎ jiāng nàge zuì dà de jiǎngbēi gāogāo de jǔ qilai, gǎnjué zìjǐ xiàng shì ge déle shìjiè guànjūn de yùndòngyuán, quántǐ guānzhòng zhàn qilai wèi wǒ huānhū.

Wǒ zhèng zhǔnbèi názhe jiǎngbēi xiàtái shí, zhǔchírén yòng shǒu qīngqīng de lánzhùle wǒ, ránhòu tāochū gāngcái niànguo de nà zhāng zhǐ,

我是世界上最幽默的人

主持人用手轻轻地拦住了我，然后掏出刚才念过的那张纸，向台下说了些什么。不一会儿，台下上来一个年轻人，从主持人手里接过那张纸看了看，对着麦克风用结结巴巴的中文念道："请允许我在颁奖仪式前说一件事。来自中国的杨河洋先生，您的护照丢在健身房了，有人把它送到了我这里。如果您在现场，请您在大会结束之后到我这里来拿一下！谢谢！"

这时我才看了一下主持人递给我的小红本子，那正是我的护照啊！哎呀！我的脸当时一定是紫色的。也不知道自己是怎么走下台的，只知道我下台的时候，人们全体起立，不停地对着我鼓掌！

后来听妹妹说，那个城市的人们都说，我是世界上最幽默的人！

xiàng tái xià shuōle xiē shénme. Bù yíhuìr, tái xià shànglai yí ge niánqīng rén, cóng zhǔchírén shǒu li jiēguo nà zhāng zhǐ kànle kàn, duìzhe màikèfēng yòng jiējiebābā de Zhōngwén niàn dào: "Qǐng yǔnxǔ wǒ zài bānjiǎng yíshì qián shuō yí jiàn shì. Lái zì Zhōngguó de Yáng Héyáng xiānsheng, nín de hùzhào diū zài jiànshēnfáng le, yǒu rén bǎ tā sòngdàole wǒ zhèli. Rúguǒ nín zài xiànchǎng, qǐng nín zài dàhuì jiéshù zhīhòu dào wǒ zhèli lái ná yíxià! Xièxie!"

Zhèshí wǒ cái kànle yíxià zhǔchírén dì gěi wǒ de xiǎo hóng běnzi, nà zhèng shì wǒ de hùzhào a! Āiyā! Wǒ de liǎn dāngshí yídìng shì zǐsè de. Yě bù zhīdào zìjǐ shì zěnme zǒuxia tái de, zhǐ zhīdao wǒ xiàtái de shíhou, rénmen quántǐ qǐlì, bù tíng de duìzhe wǒ gǔzhǎng!

Hòulái tīng mèimei shuō, nàge chéngshì de rénmen dōu shuō, wǒ shì shìjiè shang zuì yōumò de rén!

Nǐ Kàndǒngle ma?
你看懂了吗?

(1) 有奖征文活动的前三名可以获得什么样的奖励?
Yǒu jiǎng zhēngwén huódòng de qián sān míng kěyǐ huòdé shénme yàng de jiǎnglì?

(2) 妹妹为什么没有陪"我"一起参加颁奖大会?
Mèimei wèi shénme méiyou péi "wǒ" yìqǐ cānjiā bānjiǎng dàhuì?

(3) 听到主持人念"我"的名字时,"我"是怎么做的?
Tīngdào zhǔchírén niàn "wǒ" de míngzi shí, "wǒ" shì zěnme zuò de?

(4) "我"在等主持人发奖的时候,台下的观众是怎么做的?
"Wǒ" zài děng zhǔchírén fājiǎng de shíhou, táixià de guānzhòng shì zěnme zuò de?

(5) 正当"我"准备拿着奖杯下台的时候,上来了一个什么人? 他用中文说了什么?
Zhèngdāng "wǒ" zhǔnbèi názhe jiǎngbēi xiàtái de shíhou, shànglaile yí ge shénme rén? Tā yòng Zhōngwén shuōle shénme?

(6) 主持人发给我的小红本子是什么东西?
Zhǔchírén fā gěi wǒ de xiǎo hóng běnzi shì shénme dōngxi?

1. 坐前排还是坐后排

前排	qiánpái	앞줄	前列
后排	hòupái	뒷줄	後列
当面	dāng miàn	얼굴을 맞대고	面と向かって、直に
思维	sīwéi	사유	思考、思惟
差异	chāyì	차이	相違
定势	dìngshì	정석	常套的な形式、傾向
层次	céngcì	차원	レベル
领域	lǐngyù	영역	領域、分野
法国	Fǎguó	프랑스	フランス
德国	Déguó	독일	ドイツ
恰恰	qiàqià	바로	ちょうど、まさに
情义	qíngyì	정, 의리	義理と人情
利益	lìyì	이익	利益
整体	zhěngtǐ	전체	全体
餐桌	cānzhuō	식탁	食卓
暗示	ànshì	암시하다	暗示
真情	zhēnqíng	진심	本心、真心
导致	dǎozhì	야기하다	招く
优	yōu	좋다	優れている
劣	liè	나쁘다	劣る

而是	ér shì	~이 아니라 ~이다	（～ではなく）～である

2. 谢谢？谢谢！

夹菜	jiā cài	음식을 집다	おかずを取る、取り分ける
差异	chāyì	차이	相違
打招呼	dǎ zhāohu	인사하다	あいさつする
处境	chǔjìng	상황	境遇、立場
出发点	chūfādiǎn	출발점	出発点、着眼点
私事	sīshì	프라이버시	個人的なこと
通常	tōngcháng	일반적으로	通常
场合	chǎnghé	장소	場合、場所
恰当	qiàdàng	적당하다	適当である
礼节	lǐjié	예절	礼儀作法、マナー
年长	niánzhǎng	연장의, 나이가 많은	年上である
商谈	shāngtán	상담하다	話し合いをする
告辞	gàocí	작별 인사를 하다	辞去する
一一	yīyī	일일이	いちいち、一つ一つ
熟人	shúrén	지인	知り合い
外人	wàirén	남	他人
感	gǎn	~감, 느낌	～感
谦虚	qiānxū	겸손하다	謙虚である
酒菜	jiǔcài	술과 음식	酒の肴
凑合	còuhe	아쉬운 대로	間に合わせる
明明	míngmíng	분명하게	明らかに
行为	xíngwéi	행동	行為、行動
进餐	jìn cān	식사하다	食事をとる
一再	yízài	반복하여	何度も
添加	tiānjiā	더하다	加える、お代わりする

我是世界上最幽默的人

餐桌	cānzhuō	식탁	食卓
人士	rénshì	사람	人々
交往	jiāowǎng	왕래	付き合い

3.谁买东西谁付钱

逛街	guàng jiē	거리를 거닐다	街歩き、ウィンドウショッピングをする
差别	chābié	차이	相違
观念	guānniàn	관념	観念
血缘	xuèyuán	혈연	血緣
头脑	tóunǎo	머리	頭
根深蒂固	gēn shēn dì gù	깊이 뿌리박혀 있다	根が深い
哪怕	nǎpà	설령 ~하더라도	たとえ~しても
成家立业	chéng jiā lì yè	결혼하여 독립하다	結婚し職業を持つ、独立する
彼此	bǐcǐ	서로	互い
赡养	shànyǎng	부양하다	扶養する
成年	chéngnián	성년	成人
抚养	fǔyǎng	부양하다, 먹여 살리다	扶養する、養う
一旦	yídàn	일단	ひとたび~すると
购物	gòu wù	쇼핑하다	買い物
天经地义	tiān jīng dì yì	불변의 진리	絶対に正しい道理、当たり前のこと
挣	zhèng	벌다	稼ぐ
家务	jiāwù	집안일	家事
零用钱	língyòngqián	용돈	小遣い
纽约	Niǔyuē	(지명)뉴욕	ニューヨーク
高级	gāojí	고급	高級な

生词韩文、日文注释

住宅区	zhùzháiqū	주택가	住宅地
贵重	guìzhòng	비싼	貴重
物品	wùpǐn	상품	品物
景泰蓝	jǐngtàilán	경태람(공예품의 일종)	景泰藍、銅製七宝焼きの美術工芸品
盒子	hézi	상자	箱
水晶	shuǐjīng	수정, 크리스탈	水晶
耐烦	nàifán	조급하지 않다	根気がよい、面倒がらない
望子成龙	wàng zǐ chéng lóng	아들이 훌륭한 인물이 되기를 바라다	息子の出世を願う
望女成凤	wàng nǚ chéng fèng	딸이 훌륭한 인물이 되기를 바라다	娘の出世を願う
期望	qīwàng	기대하다	期待

4. 谁更爱花钱

富裕	fùyù	부유하다	豊かである
奢侈	shēchǐ	사치스럽다	ぜいたくである
品	pǐn	~품	~品
者	zhě	~자	~者
相比	xiāng bǐ	비교하다	比較する
购买	gòumǎi	구매하다	購買
中年	zhōngnián	중년의	中年
老年	lǎonián	노년의	老年
服饰	fúshì	옷과 장신구	服飾
香水	xiāngshuǐ	향수	香水
房屋	fángwū	집, 건물	住宅
旅游	lǚyóu	여행	旅行
恰恰	qiàqià	바로	まさに

我是世界上最幽默的人

追求	zhuīqiú	추구하다	追求する
绝	jué	절대, 대부분	きわめて
密度	mìdù	밀도	密度
攀比	pānbǐ	비교하다	見栄を張り競い合う
朴实	pǔshí	소박하다	質素である
露富	lòu fù	돈이 있는 것이 드러나다, 부자인 것이 알려지다	金持ちであることをひけらかす
亿万富翁	yìwàn fùwēng	억만장자	億万長者
打工仔	dǎgōngzǎi	노동자	雇われ人
华尔街	Huá'ěr Jiē	(지명)월스트리트	ウォールストリート
圈	quān	(양사)바퀴	範囲、圏
讲究	jiǎngjiu	신경을 쓰다	凝る、念を入れる
族	zú	~족	~族
务实	wùshí	실용적이다	現実に即した、実益を重視した
消费	xiāofèi	소비	消費
问津	wènjīn	묻다	尋ねる
性别	xìngbié	성별	性別
人群	rénqún	집단	層、大衆
单身	dānshēn	독신, 싱글	独身

5.孩子，你考了多少分

放学	fàng xué	하교하다	学校が引ける
相处	xiāngchǔ	지내다	付き合う
为人	wéirén	됨됨이	人柄
无所事事	wú suǒ shì shì	아무 일도 하지 않다	何もしないでいる
乖	guāi	말을 잘 듣다, 착하다	おとなしい、聞き分けのよい

伙伴	huǒbàn	친구	仲間
打架	dǎ jià	싸우다	けんかする
家教	jiājiào	가정교육	家庭教育、しつけ
分心	fēn xīn	한눈을 팔다	気が散る
尝试	chángshì	시험해 보다	試みる
名牌	míngpái	명문의	有名（ブランド）
棒	bàng	훌륭하다	すばらしい
自豪	zìháo	자랑스럽다	誇りに感じる

6. 我在美国上学的日子

初中	chūzhōng	중학교	中学校
免费	miǎn fèi	무료	無料
协议	xiéyì	합의서	協議
式	shì	~식	～式
损坏	sǔnhuài	파손시키다	壊す、損傷する
丢失	diūshī	분실하다	紛失する
赔偿	péicháng	배상하다	賠償する
签字	qiān zì	서명하다	サインする
沉	chén	무겁다	重い
轮子	lúnzi	바퀴	車輪
橄榄球	gǎnlǎnqiú	럭비	ラグビー
壮	zhuàng	건장하다	たくましい
应用题	yìngyòngtí	응용문제	応用問題
饭馆	fànguǎn	식당	レストラン
税	shuì	세금	税金
小费	xiǎofèi	팁	チップ
奖金	jiǎngjīn	상금	賞金
支票	zhīpiào	수표	小切手
现金	xiànjīn	현금	現金

我是世界上最幽默的人

交易	jiāoyì	거래	取り引き
拍卖	pāimài	경매	オークション
用品	yòngpǐn	물건	用品、品物
玩具	wánjù	장난감	おもちゃ
批发	pīfā	도매하다	大口購入する
巧克力	qiǎokèlì	초콜릿	チョコレート
推销	tuīxiāo	판매하다	セールス
客户	kèhù	고객	取引先
上门	shàng mén	방문하다	訪ねる
不务正业	bú wù zhèng yè	본분에 힘쓰지 않고 딴 짓을 하다	正業に就かない
灵	líng	민첩하다	賢い、気が利く
家长	jiāzhǎng	학부모	保護者
讲解	jiǎngjiě	설명하다	説明する
管理员	guǎnlǐyuán	관리인	管理スタッフ
提问	tíwèn	질문하다	問題を出す
班主任	bānzhǔrèn	담임	クラス担任
总分	zǒngfēn	총점	総得点
家长会	jiāzhǎnghuì	학부모회	保護者会
期终考试	qīzhōng kǎoshì	기말시험	期末試験
自信	zìxìn	자신하다	自信
甚至	shènzhì	심지어	ひいては
竟然	jìngrán	뜻밖에	意外にも
评	píng	평가하다	評定する、選定する
超级	chāojí	슈퍼	スーパー
明星	míngxīng	스타	スター
胆子	dǎnzi	담력	度胸

生词韩文、日文注释

谦虚	qiānxū	겸손하다	謙虚である
谨慎	jǐnshèn	신중하다	慎重である
足够	zúgòu	충분하다	十分である

7. 中国来信改变了我的生活

哥伦比亚	Gēlúnbǐyà	콜롬비아	コロンビア
中医	zhōngyī	중의	中国医学
深造	shēnzào	깊이 연구하다	研究を深める、造詣を深める
西班牙语	Xībānyáyǔ	스페인어	スペイン語
绝	jué	절대, 대부분	きわめて
一无所知	yì wú suǒ zhī	아는 것이 전혀 없다	何も分からない
搜集	sōují	수집하다	探し集める
信息	xìnxī	정보	情報
网站	wǎngzhàn	웹사이트	ホームページ
电子邮件	diànzǐ yóujiàn	이메일	電子メール
提醒	tíxǐng	상기시키다	注意を与える、指摘する
背面	bèimiàn	뒷면	裏
泪水	lèishuǐ	눈물	涙
激发	jīfā	불러일으키다	かき立てる
当面	dāng miàn	얼굴을 맞대고	面と向かって、直に

8. 枕头不是针头

枕头	zhěntou	베개	まくら
针头	zhēntóu	주사바늘	注射器の針
发音	fā yīn	발음하다	発音
尴尬	gāngà	난처하다	気まずい
售货员	shòuhuòyuán	판매원	販売員
柜台	guìtái	카운터	カウンター

我是世界上最幽默的人

瑟瑟	sèsè	벌벌	震えるさま
明明	míngmíng	분명하게	明らかに、たしかに
货架	huòjià	진열대	商品棚
板寸	bǎncùn	스포츠머리	丸刈り

9.怎么称呼他们

称呼	chēnghu	부르다	呼び方、呼び名
姑	gū	고모	父の姉妹、おば
姥姥	lǎolao	외할머니	（母方の）祖母
外公	wàigōng	외할아버지	（母方の）祖父
外婆	wàipó	외할머니	（母方の）祖母
常识	chángshí	상식	常識
口舌	kǒushé	말	言葉
表哥	biǎogē	사촌오빠	姓の異なるいとこ（男性、年上）
堂姐	tángjiě	사촌언니	姓の同じいとこ（女性、年上）
姨	yí	이모	母の姉妹、おば
叔	shū	삼촌	父の弟、おじ
除非	chúfēi	~아니고서는	～しない限り
一律	yílǜ	일률적으로	すべて
难为	nánwei	난처하게 하다	閉口させる、苦労させる
资历	zīlì	경력	資格と経歴、キャリア
包含	bāohán	포함하다	含む
人情味	rénqíngwèi	인간미	人情味
闹笑话	nào xiàohua	웃음거리가 되다	笑いの種になる、恥をかく
播音员	bōyīnyuán	아나운서	アナウンサー
汇率	huìlǜ	환율	為替レート

生词韩文、日文注释

而是	ér shì	~이 아니라 ~이다	（～ではなく）～である
差异	chāyì	차이	差異
系列	xìliè	계열	系列
床头	chuángtóu	침대 머리맡	枕元
死记硬背	sǐ jì yìng bèi	무조건 외우다	丸暗記する

10. 谁是"老外"

湖南	Húnán	(지명)후난	湖南省
德国	Déguó	독일	ドイツ
麦当劳	Màidāngláo	맥도날드	マクドナルド
聊天	liáo tiān	이야기하다	おしゃべりする
话题	huàtí	화제	話題
愣	lèng	어리둥절하다	ぽかんとする
法兰克福	Fǎlánkèfú	(지명)프랑크푸르트	フランクフルト
地铁	dìtiě	지하철	地下鉄
个儿	gèr	키	体格、背丈
同伴	tóngbàn	동행자	仲間、連れ
随口	suíkǒu	아무 생각 없이	口から出任せに
家伙	jiāhuo	녀석, 놈	あいつ
居然	jūrán	뜻밖에	意外にも、なんと
天不怕， 地不怕	tiān bú pà, dì bú pà	천하에 두려운 것이 없다	天をも地をも恐れな い、怖いものなし
再会	zàihuì	안녕히 가세요	さようなら
法国	Fǎguó	프랑스	フランス
好笑	hǎoxiào	우습다	おかしい
超市	chāoshì	슈퍼마켓	スーパーマーケット
烧烤	shāokǎo	바베큐	バーベキュー
餐馆	cānguǎn	식당	レストラン
炉子	lúzi	화로	コンロ

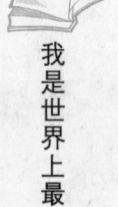

我是世界上最幽默的人

点火	diǎn huǒ	불을 붙이다	火をつける
丢人	diū rén	체면을 구기다	恥をかく
统计	tǒngjì	통계	統計
极限	jíxiàn	극한, 리미트	極限
拼	pīn	철자를 쓰다	つづる
恍然大悟	huǎngrán dà wù	문득 깨닫다	はっと悟る
胡说八道	hú shuō bā dào	함부로 지껄이다	出任せを言う、でたらめを言う

11. 我是世界上最幽默的人

幽默	yōumò	재미있다, 유머러스하다	ユーモア
德国	Déguó	독일	ドイツ
惊喜	jīngxǐ	놀랍고 기쁨	驚きと喜び
汉诺威	Hànnuòwēi	(지명)하노버	ハノーヴァー
世界博览会	Shìjiè Bólǎnhuì	엑스포	万国博覧会
基尔	Jī'ěr	(지명)킬	キール
名人	míngrén	유명인	有名人
打招呼	dǎ zhāohu	인사하다	あいさつする、声をかける
助兴	zhù xìng	흥을 돋우다	興を添える
征文	zhēngwén	원고 모집	原稿を募集する
免费	miǎn fèi	무료	無料
旅游	lǚyóu	여행하다	旅行
奖励	jiǎnglì	장려금	奨励
获奖	huò jiǎng	입상하다	受賞する
自信	zìxìn	자신	自信
颁奖	bān jiǎng	시상하다	授賞、授与
名单	míngdān	명단	名簿

生词韩文、日文注释

现场	xiànchǎng	현장	現場
主持人	zhǔchírén	사회자	司会者
领奖	lǐng jiǎng	상을 받다	賞を受ける
发音	fā yīn	발음	発音
健身房	jiànshēnfáng	헬스클럽	スポーツジム
齐全	qíquán	완비하다	完備している
居民	jūmín	주민	住民
麦克风	màikèfēng	마이크	マイク
串	chuàn	(양사)줄, 일련의	つながっているものを数える量詞、一連
费力	fèi lì	힘들이다	苦労する、骨を折る
奥斯卡	Àosīkǎ	오스카	オスカー賞
奖杯	jiǎngbēi	상배, 우승컵	トロフィー
口哨	kǒushào	휘파람	口笛
欢呼	huānhū	환호하다	歓声を上げる
动静	dòngjing	움직이다	動静、動き
谦虚	qiānxū	겸손하다	謙虚である
结结巴巴	jiējiebābā	더듬더듬	どもる
仪式	yíshì	의식	儀式
起立	qǐlì	일어서다	起立する、立ち上がる

我是世界上最幽默的人

生词索引 Shēngcí Suǒyǐn

A		
暗示	ànshì	1

B		
班主任	bānzhǔrèn	6
颁奖	bān jiǎng	11
板寸	bǎncùn	8
棒	bàng	5
包含	bāohán	9
背面	bèimiàn	7
彼此	bǐcǐ	3
表哥	biǎogē	9
播音员	bōyīnyuán	9
不务正业	bú wù zhèng yè	6

C		
餐馆	cānguǎn	10
餐桌	cānzhuō	1, 2
层次	céngcì	1
差别	chābié	3
差异	chāyì	1, 2, 9
尝试	chángshì	5
常识	chángshí	9
场合	chǎnghé	2
超级	chāojí	6

超市	chāoshì	10
沉	chén	6
称呼	chēnghu	9
成家立业	chéng jiā lì yè	3
成年	chéngnián	3
出发点	chūfādiǎn	2
初中	chūzhōng	6
除非	chúfēi	9
处境	chǔjìng	2
串	chuàn	11
床头	chuángtóu	9
凑合	còuhe	2

D		
打工仔	dǎgōngzǎi	4
打架	dǎ jià	5
打招呼	dǎ zhāohu	2, 11
单身	dānshēn	4
胆子	dǎnzi	6
当面	dāng miàn	1, 7
导致	dǎozhì	1
地铁	dìtiě	10
点火	diǎn huǒ	10
电子邮件	diànzǐ yóujiàn	7

定势	dìngshì	1
丢人	diū rén	10
丢失	diūshī	6
动静	dòngjing	11

E
而是	ér shì	1, 9

F
发音	fā yīn	8, 11
饭馆	fànguǎn	6
房屋	fángwū	4
放学	fàng xué	5
费力	fèi lì	11
分心	fēn xīn	5
服饰	fúshì	4
抚养	fǔyǎng	3
富裕	fùyù	4

G
尴尬	gāngà	8
感	gǎn	2
橄榄球	gǎnlǎnqiú	6
高级	gāojí	3
告辞	gàocí	2
个儿	gèr	10
根深蒂固	gēn shēn dì gù	3
购买	gòumǎi	4
购物	gòu wù	3
姑	gū	9
乖	guāi	5

观念	guānniàn	3
管理员	guǎnlǐyuán	6
逛街	guàng jiē	3
柜台	guìtái	8
贵重	guìzhòng	3

H
好笑	hǎoxiào	10
盒子	hézi	3
后排	hòupái	1
胡说八道	hú shuō bā dào	10
话题	huàtí	10
欢呼	huānhū	11
恍然大悟	huǎngrán dà wù	10
汇率	huìlǜ	9
伙伴	huǒbàn	5
货架	huòjià	8
获奖	huò jiǎng	11

J
激发	jīfā	7
极限	jíxiàn	10
夹菜	jiā cài	2
家伙	jiāhuo	10
家教	jiājiào	5
家务	jiāwù	3
家长	jiāzhǎng	6
家长会	jiāzhǎnghuì	6
健身房	jiànshēnfáng	11
讲解	jiǎngjiě	6

讲究	jiǎngjiu	4		劣	liè	1
奖杯	jiǎngbēi	11		灵	líng	6
奖金	jiǎngjīn	6		零用钱	língyòngqián	3
奖励	jiǎnglì	11		领奖	lǐng jiǎng	11
交往	jiāowǎng	2		领域	lǐngyù	1
交易	jiāoyì	6		露富	lòu fù	4
结结巴巴	jiējiēbābā	11		炉子	lúzi	10
谨慎	jǐnshèn	6		旅游	lǚyóu	4, 11
进餐	jìn cān	2		轮子	lúnzi	6
惊喜	jīngxǐ	11		**M**		
景泰蓝	jǐngtàilán	3		麦克风	màikèfēng	11
竟然	jìngrán	6		密度	mìdù	4
酒菜	jiǔcài	2		免费	miǎn fèi	6, 11
居民	jūmín	11		名单	míngdān	11
居然	jūrán	10		名牌	míngpái	5
绝	jué	4, 7		名人	míngrén	11
K				明明	míngmíng	2, 8
客户	kèhù	6		明星	míngxīng	6
口哨	kǒushào	11		**N**		
口舌	kǒushé	9		哪怕	nǎpà	3
L				耐烦	nàifán	3
老年	lǎonián	4		难为	nánwei	9
姥姥	lǎolao	9		闹笑话	nào xiàohua	9
泪水	lèishuǐ	7		年长	niánzhǎng	2
愣	lèng	10		**P**		
礼节	lǐjié	2		拍卖	pāimài	6
利益	lìyì	1		攀比	pānbǐ	4
聊天	liáo tiān	10		赔偿	péicháng	6

生词索引

批发	pīfā	6
拼	pīn	10
品	pǐn	4
评	píng	6
朴实	pǔshí	4

Q

期望	qīwàng	3
期终考试	qīzhōng kǎoshì	6
齐全	qíquán	11
起立	qǐlì	11
恰当	qiàdàng	2
恰恰	qiàqià	1, 4
谦虚	qiānxū	2, 6, 11
签字	qiān zì	6
前排	qiánpái	1
巧克力	qiǎokèlì	6
情义	qíngyì	1
圈	quān	4

R

人情味	rénqíngwèi	9
人群	rénqún	4
人士	rénshì	2

S

瑟瑟	sèsè	8
赡养	shànyǎng	3
商谈	shāngtán	2
上门	shàng mén	6
烧烤	shāokǎo	10
奢侈	shēchǐ	4
深造	shēnzào	7
甚至	shènzhì	6
式	shì	6
售货员	shòuhuòyuán	8
叔	shū	9
熟人	shúrén	2
水晶	shuǐjīng	3
税	shuì	6
私事	sīshì	2
思维	sīwéi	1
死记硬背	sǐ jì yìng bèi	9
搜集	sōují	7
随口	suíkǒu	10
损坏	sǔnhuài	6

T

堂姐	tángjiě	9
提问	tíwèn	6
提醒	tíxǐng	7
天不怕，地不怕	tiān bú pà, dì bú pà	10
天经地义	tiān jīng dì yì	3
添加	tiānjiā	2
通常	tōngcháng	2
同伴	tóngbàn	10
统计	tǒngjì	10
头脑	tóunǎo	3
推销	tuīxiāo	6

W			Y		
外公	wàigōng	9	一一	yīyī	2
外婆	wàipó	9	一旦	yídàn	3
外人	wàirén	2	一律	yílǜ	9
玩具	wánjù	6	一再	yízài	2
网站	wǎngzhàn	7	仪式	yíshì	11
望女成凤	wàng nǚ chéng fèng	3	姨	yí	9
望子成龙	wàng zǐ chéng lóng	3	一无所知	yì wú suǒ zhī	7
为人	wéirén	5	亿万富翁	yìwàn fùwēng	4
问津	wènjīn	4	应用题	yìngyòngtí	6
无所事事	wú suǒ shì shì	5	用品	yòngpǐn	6
务实	wùshí	4	优	yōu	1
物品	wùpǐn	3	幽默	yōumò	11
X			Z		
系列	xìliè	9	再会	zàihuì	10
现场	xiànchǎng	11	者	zhě	4
现金	xiànjīn	6	针头	zhēntóu	8
相比	xiāng bǐ	4	真情	zhēnqíng	1
相处	xiāngchǔ	5	枕头	zhěntou	8
香水	xiāngshuǐ	4	征文	zhēngwén	11
消费	xiāofèi	4	整体	zhěngtǐ	1
小费	xiǎofèi	6	挣	zhèng	3
协议	xiéyì	6	支票	zhīpiào	6
信息	xìnxī	7	中年	zhōngnián	4
行为	xíngwéi	2	中医	zhōngyī	7
性别	xìngbié	4	主持人	zhǔchírén	11
血缘	xuèyuán	3	助兴	zhù xìng	11

生词索引

住宅区	zhùzháiqū	3	自信	zìxìn	6, 11
壮	zhuàng	6	总分	zǒngfēn	6
追求	zhuīqiú	4	足够	zúgòu	6
资历	zīlì	9	族	zú	4
自豪	zìháo	5			

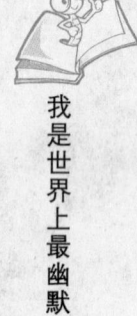

我是世界上最幽默的人

专有名词索引 Zhuānyǒu Míngcí Suǒyǐn

A						
奥斯卡	Àosīkǎ	11		华尔街	Huá'ěr Jiē	4
D				**J**		
德国	Déguó	1, 10, 11		基尔	Jī'ěr	11
F				**M**		
法国	Fǎguó	1, 10		麦当劳	Màidāngláo	10
法兰克福	Fǎlánkèfú	10		**N**		
G				纽约	Niǔyuē	3
哥伦比亚	Gēlúnbǐyà	7		**S**		
H				世界博览会	Shìjiè Bólǎnhuì	11
汉诺威	Hànnuòwēi	11		**X**		
湖南	Húnán	10		西班牙语	Xībānyáyǔ	7

版权声明

本书在编辑过程中,由于无法与部分作品的权利人取得联系,为了尊重作者的著作权,特委托北京版权代理有限责任公司向权利人转付稿酬。请您与北京版权代理有限责任公司联系并领取稿酬。联系方式如下:

吴文波

北京版权代理有限责任公司

北京海淀区知春路23号量子银座1403室

邮编:100191

电话: 86 (10) 82357058

传真: 86 (10) 82357055

图书在版编目（CIP）数据

我是世界上最幽默的人 ／ 甘宗铭编．－－北京：北京语言大学出版社，2010.4
（实用汉语分级阅读丛书／崔永华主编．乙级读本）
ISBN 978-7-5619-2559-1

Ⅰ．①我… Ⅱ．①甘… Ⅲ．①汉语—对外汉语教学—语言读物 Ⅳ．①H195.5

中国版本图书馆CIP数据核字（2010）第060727号

书　　名：我是世界上最幽默的人	
中文编辑：周　鹏	英文编辑：望　震
韩文翻译：[韩]边成妍	韩文编辑：刘　茜
日文翻译：[日]山口叶子	日文编辑：郭云雪
封面制作：张　娜	责任印制：汪学发

出版发行：**北京语言大学出版社**
社　　址：北京市海淀区学院路15号　　邮政编码：100083
网　　址：www.blcup.com
电　　话：发行部 82303650/3591/3651
　　　　　编辑部 82303647
　　　　　读者服务部 82303653/3908
　　　　　网上订购电话 82303668
　　　　　客户服务信箱　service@blcup.net
印　　刷：北京联兴盛业印刷股份有限公司
经　　销：全国新华书店

版　　次：2010年4月第1版　2010年4月第1次印刷
开　　本：710毫米×1000毫米　1/16　　印张：8.5
字　　数：88千字
书　　号：ISBN 978-7-5619-2559-1/H·10068
定　　价：25.00元

凡有印装质量问题，本社负责调换。电话：82303590

Embark on your Chinese learning from the website of Beijing Language and Culture University Press

北京语言大学出版社网站：www.blcup.com

从这里开始……

这里是对外汉语精品教材的展示平台

汇集2000余种对外汉语教材，检索便捷，
每本教材有目录、简介、样课等详尽信息。

It showcases BLCUP's superb textbooks on TCFL (Teaching Chinese as a Foreign Language)

It collects more than 2,000 titles of BLCUP's TCFL textbooks, which are easy to be searched, with details such as table of contents, brief introduction and sample lessons for each textbook.

这里是覆盖全球的电子商务平台

在任何地点，均可通过VISA/MASTER卡在线购买。

It provides an E-commerce platform which covers the whole world.

Online purchase via VISA/MASTER can be made in every part of the world.

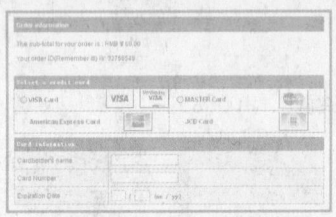

这里是对外汉语教学/学习资源的服务平台

提供测试题、知识讲解、阅读短文、教案、课件、教学示范、教材配套资料等各类文字、音视频资源。

It provides a services platform for Chinese language education for foreigners.

All kinds of written and audio-visual teaching resources are provided, including tests, explanations on language points, reading passages, teaching plans, courseware, teaching demo and other supplementary teaching materials etc.

这里是数字出版的体验平台

只需在线支付，即刻就可获取质高价优的全新电子图书。

It provides digital publication service.

A top-grade and reasonably-priced brand new e-book can be obtained as soon as you pay for it online.

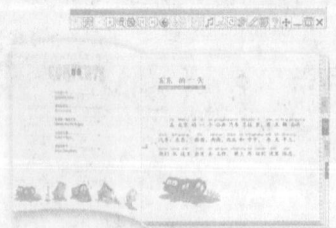

这里是沟通交流的互动平台

汉语教学与学习论坛，使每个参与者都能共享海量信息与资源。

It provides a platform for communication.

This platform for Chinese teaching and learning makes it possible for every participant to share our abundant data and resources.

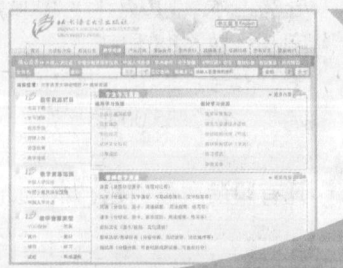